大学生创新与实践

北京工商大学嘉华学院大学生科研训练项目成果集

俞爱群 秦艳梅 ◎ 主编

DAXUESHENG CHUANGXIN YU SHIJIAN
BEIJING GONGSHANG DAXUE JIAHUA XUEYUAN DAXUESHENG KEYAN XUNLIAN XIANGMU CHENGGUOJI

知识产权出版社
全国百佳图书出版单位

图书在版编目(CIP)数据

大学生创新与实践:北京工商大学嘉华学院大学生科研训练项目成果集/俞爱群,秦艳梅主编.—北京:知识产权出版社,2016.6
　ISBN 978-7-5130-3926-0

Ⅰ.①大… Ⅱ.①俞…②秦… Ⅲ.①大学生-科学研究工作-研究成果-汇编-北京市 Ⅳ.①G644

中国版本图书馆CIP数据核字(2015)第283718号

内容提要

本书收录了25篇优秀项目的结题论文,3篇学生在科研项目中的所思所感,旨在展示大学生研究成果,交流教师指导经验,宣传"大学生科研训练项目",希望本书在培养学生创新精神、提高实践能力中发挥必要的作用。

责任编辑:李　婧　　　　　　　　　　　　　责任出版:孙婷婷

大学生创新与实践:北京工商大学嘉华学院大学生科研训练项目成果集

DAXUESHENG CHUANGXIN YU SHIJIAN: BEIJING GONGSHANG DAXUE JIAHUA XUEYUAN DAXUESHENG KEYAN XUNLIAN XIANGMU CHENGGUOJI

俞爱群　秦艳梅　主编

出版发行	知识产权出版社有限责任公司	网　　址	http://www.ipph.cn
电　　话	010-82004826		http://www.laichushu.com
社　　址	北京市海淀区西外太平庄55号	邮　　编	100081
责编电话	010-82000860转8594	责编邮箱	21183407@qq.com
发行电话	010-82000860转8101/8029	发行传真	010-82000893/82003279
印　　刷	北京中献拓方科技发展有限公司	经　　销	各大网上书店、新华书店及相关专业书店
开　　本	720mm×1000mm 1/16	印　　张	13
版　　次	2016年6月第1版	印　　次	2016年6月第1次印刷
字　　数	190千字	定　　价	30.00元

ISBN 978-7-5130-3926-0

出版权专有　侵权必究
如有印装质量问题,本社负责调换。

序 言

为进一步贯彻落实《教育部、财政部关于"十二五"期间实施"高等学校本科教学质量与教学改革工程"的意见》(教高[2011]6号)和《教育部关于做好"本科教学工程"国家级本科生科研训练项目实施工作的通知》(教高函[2012]5号)等文件精神，我校自2013年起在全校范围内进行了"大学生科研训练项目"，旨在增强学生科学研究兴趣、创新创业意识及团队合作精神，强化大学生创新创业能力训练，提升大学生综合素质，培养适应创新型国家建设和社会经济发展需要的高素质创新型人才，提高学生实践动手能力和综合职业技能。

大学生科研训练给学生提供了一个崭新的平台，通过参与项目开发的方式激发大学生创新精神与创业热情，提高科学研究与创业能力，推动人才培养模式改革。

自从2013年以来，北京工商大学嘉华学院充分调动各部门、各二级学院的资源，动员广大在校学生积极参与大学生科研训练项目。截至2015年5月，共超过2000人次学生参与科研训练项目，立项279项，279个项目全部顺利结题，公开发表论文35篇。

我校在实践教学方面特色鲜明，成效显著。学校投资建设了基础、金融、会计、文化艺术4个实验实训中心，24个实验室，目前已经开设的实验实训课程有60多门，形成了完备、扎实的实践教学体系。此外，学校已同20多所国外知名大学建立了合作关系，通过青年领袖海外训练营、海外实践课堂、跨国公司实习、本硕连读、中华文化传播5个国际交流平台，为学生创造了留学和国际交流的机会，这些都为大学生科研训练项目提供了有利保障。

本书收录了25篇优秀项目的结题论文，3篇学生在科研项目中的所思所感，旨在展示大学生研究成果，交流教师指导经验，宣传"大学生科研训练项目"，希望本书在培养学生创新精神、提高实践能力中发挥重要的作用。本书在结题论文后，附上了外聘专家或指导教师的点评，希望能对下一期科研训练项目的学生起到良好的指导和示范作用。

在此，对参与成果评选、展示的学生和指导教师表示诚挚的谢意。

俞爱群

2015年6月1日

目 录

调查研究类

江苏省盐城市居民消费投资调查与研究
  学生姓名：李培慧　顾　晗　指导老师：刘晓玲 ……………………3
我国商业银行开展互联网金融业务的探讨
  学生姓名：黄婧雅　指导老师：秦艳梅 ……………………………13
北京市宋庄传统文化艺术的发展
  学生姓名：娄香丽　徐　笑　指导老师：张　洁 …………………19
我国QDII投资现状与风险调查研究
  学生姓名：唐富兰　龚　婷　陈旦红　指导老师：贾墨月 ………24
非英语专业学生英语词汇习得策略调查研究
  学生姓名：徐雯婷　彭　婕　邱　日　指导教师：宋　柳 ………31
股转系统挂牌公司的现金分红决策研究
  学生姓名：刘雯佳　黄俊杰　朱银昕　指导老师：石广才 ………40
企业所得税汇算清缴常见涉税问题及检查要点
  学生姓名：焦丹丹　指导老师：孙雪梅 ……………………………50
大学生手机依赖症的成因及对策建议
  学生姓名：李泽茵　杨小蒂　指导老师：杜聪慧 …………………56
大学生课余时间安排调查及研究
  学生姓名：鱼亚卓　张婷婷　李　娜　指导老师：俞爱群 ………63
关于大学生生活费分配的研究
  学生姓名：汪　琴　陈思羽　郝子非　指导老师：俞爱群 ………70
关于财务统计计算中误差分析及解决思路
  学生姓名：朱丹彤　浦美艳　李　开　指导老师：尤传华 ………75

— I —

调查报告类

北京市大学生保险意识调查
　　学生姓名：宫姝辰　龚晓秋　朱嘉琪　指导老师：张　洁 …………83
网络营销与传统营销的比较分析
　　学生姓名：祁晶晶　田雨禾　指导老师：张　洁 …………………91
ERP在东台市企业中的实际应用状况及发展前景
　　学生姓名：姜佩娴　杨陈瑶　赵灵婕　指导教师：王　印 …………97
浅谈旅游景区标识语英译现状及规范建议
　　学生姓名：韩凤荣　指导老师：张　峥 …………………………109
银行贷款项目评估所存在的问题
　　学生姓名：涂瑞芳　谢心怡　指导老师：秦艳梅 …………………113
大学生就业困难原因的分析报告
　　学生姓名：吕思涵　焦楚然　刘思辰　李　丽　指导老师：马浩辉 …………121
北京工商大学嘉华学院大学生股票投资行业调查报告
　　学生姓名：张雨露　周宏杰　郑拓斌　指导教师：俞爱群 …………128
硅宝科技股份有限公司财务报表分析
　　学生姓名：罗南媛　指导老师：贾晋峰 …………………………134
微商在大学生中的发展状况及趋势
　　学生姓名：许海平　邱　日　吴晶晶　指导老师：杜聪慧 …………140
景区英语翻译的常见问题和翻译方法
　　学生姓名：李雯雯　指导老师：张　铮 …………………………147

方案设计类

"幸福一生"保险方案设计论证
　　学生姓名：刘雪颖　王梦颖　曾璐瑶　指导老师：齐瑞宗 …………153
天使险保险方案设计
　　学生姓名：郑拓斌　鄢文杰　邓凯隆　指导老师：罗荣华 …………161
使用Excel创建市场营销模型——超市商品管理模型
　　学生姓名：程佳进　周廷东　指导老师：尤传华 …………………167

自发式公共青年空间的运作模式和社会意义的研究
　　学生姓名：潘　越　谌恺懿　俞楷翔　徐振宇　指导老师：俞爱群 ……… 180

学生感悟

在研究中提高能力
　　学生姓名：宫姝辰 …………………………………………… 189
问题及对策
　　学生姓名：龚晓秋 …………………………………………… 193
规范与提高
　　学生姓名：邱　日 …………………………………………… 195
后　记 ………………………………………………………………… 197

调查研究类

江苏省盐城市居民消费投资调查与研究

学生姓名： 李培慧　顾　晗

指导老师： 刘晓玲

摘　要：消费与投资情况是反映居民生活质量转变和社会经济状态改进的重要指标。消费和投资之间的关系，影响宏观经济的当前水平，也影响着区域经济的平稳、健康和持续发展。近年来，盐城市区居民的消费结构和投资水平均发生了很大变化，居民消费投资观念也转变了很多。笔者通过多种方法对盐城当地居民消费投资情况进行调查、统计，并结合现状对统计所得数据进行分析，找出问题及原因，最后给出优化策略。

关键词：盐城市　消费投资　城乡差异　数据分析　优化策略

一、研究背景与意义

在经济增长的过程当中，消费、投资需要是拉动和限制经济增长的重要因素。和谐的消费和投资状况，不仅有利于宏观经济的各个方面，也有利于区域经济的持续、稳定和健康的发展。我国经济迅速发展，居民人均收入水平不断提高，这也使得居民的消费情况与投资理念也产生了转变。鉴于以上因素，区域经济中的消费、投资情况研究成为一个非常有意义的课题。

近年来江苏省盐城市经济飞速发展，当地居民的消费、投资情况发生了很大的变化。我们发现以往的调查研究很少关注江苏省盐城市居民消费、投资情况，为此我们设计了本次调研报告。

二、盐城居民消费投资基础数据统计分析

（一）所调查地区的基本数据归纳

本文针对居民消费、投资情况问题，以江苏省盐城市为调查对象，采用调查问卷的方式进行数据调查收集。我们将调查结果进行了归纳与统计。

受访者的基本信息如表1所示。

表1 受访者基本信息表

统计量	特征	样本数（人）	比例（%）	统计量	特征	样本数（人）	比例（%）
性别	男	221	55.25	婚否	未婚	93	23.25
	女	179	44.75		已婚	307	76.75
人口来源	城镇	245	61.25				
	农村	155	38.75				
文化程度	小学	12	3.00	年龄	20岁及以下	17	4.25
	初中	15	3.75		21~30岁	87	21.75
	高中	131	32.75		31~40岁	163	40.75
	大专	120	30.00		41~50岁	73	18.25
	本科	88	22.00		51~60岁	45	11.25
	硕士及以上	34	8.50		60岁以上	16	4.00

家庭收支情况决定了家庭生活水平，本次调查数据统计了盐城市居民收入、支出、贷款的情况。居民年收入和贷款情况如表2所示。

表2 居民收入情况

统计量	特征	样本数（人）	比例（%）	统计量	特征	样本数（人）	比例（%）
家庭年收入（元）	2万及以下	21	5.25	家庭月贷款（元）	无	248	62.00
	2万~3万	73	18.25		2000元及以下	40	10.00
	3万~5万	131	32.75		2000~3000元	59	14.75
	5万~10万	96	24.00		3000~5000元	26	6.50
	10万~20万	44	11.00		5000~10000元	17	4.25
	20万以上	35	8.75		10000元以上	10	2.50

我们从盐城统计局得到盐城市城乡居民收入情况，如图1所示。随着盐城居民的生活质量不断提高，居民收入也逐年增加。然而，城乡居民的收入仍有一定的差距，从图中可以看到城市收入增长率明显高于农村地区的增长率。

盐城市城乡居民收入（元）
■ 城镇居民人均可支配收入 ■ 农村居民人均可支配收入

年份	城镇居民人均可支配收入	农村居民人均可支配收入
2005年	8628	4893
2006年	9825	5393
2007年	11392	6092
2008年	13203	6867
2009年	14891	7650
2010年	16935	8751
2011年	19414	10511
2012年	21941	11898
2013年	24119	13344
2014年	25854	14414

图1　盐城市城乡居民收入情况

（二）盐城居民消费情况基本数据

盐城居民消费特点如下：不断更新消费观念，居民消费升级。随着收入的增长和消费意识的变化，消费者的态度已从"将就"变为"讲究"。消费标准由以前看重的吃饱、穿暖、够用、能住，变成了吃得好、穿得好、用得好、活得好。

从图2和图3中消费支出的结构看，排在首位的食品支出，反映了"民以食为天"。食品支出的种类也增加了，居民从吃饱变为吃好，亲朋好友之间的聚餐也频繁了。由于收入的增加，人们对生活质量有了更高的追求，开始重视教育、娱乐、服务、衣着、医疗保健等方面。随着汽车、电脑、手机等科技产品的普及，交通和通讯成为消费的新重点，但总体来说，交通、通讯、教育和娱乐支出比重较低。城镇居民消费支出结构反映了发展和享受需求很高。

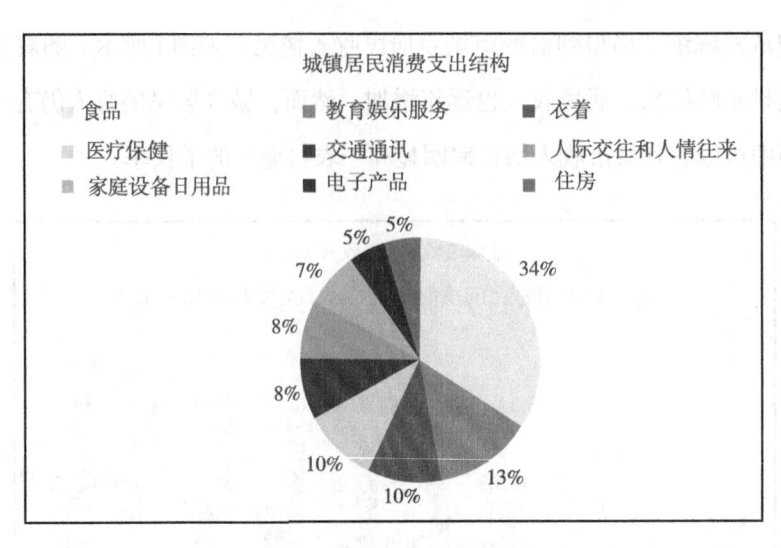

图2 城镇居民消费支出结构

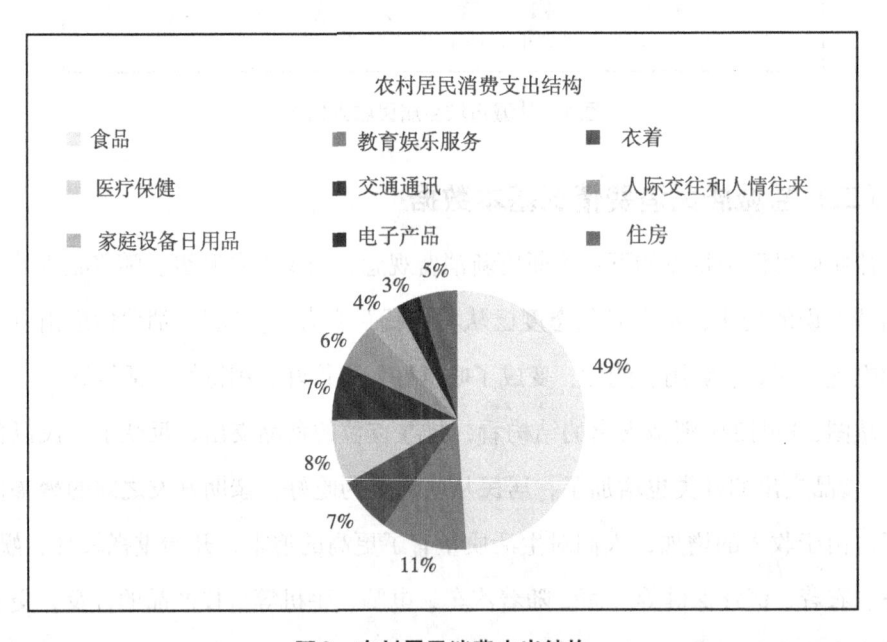

图3 农村居民消费支出结构

与城镇居民相比，农村居民的各种消费支出单一。广大农村居民满足基本的生存需要后，对享受、发展消费需求很低。食品支出占较大比例，教育娱乐、衣着、医疗保健方面等方面都比城镇居民要少很多。目前，农村居民收入越来越高，也说明农村居民的消费有着巨大的提升空间。

（三）居民投资情况基本数据

从样本数据分析看（如图4所示），盐城居民主要倾向于储蓄，其次是保险、股票、债券等。也有一些年轻人选择一些新兴理财产品，如余额宝等。从理财产品设计上来看，居民比较喜欢收益与风险匹配、限期比较灵活、对专业知识要求不高、手续费相对较低的金融产品。

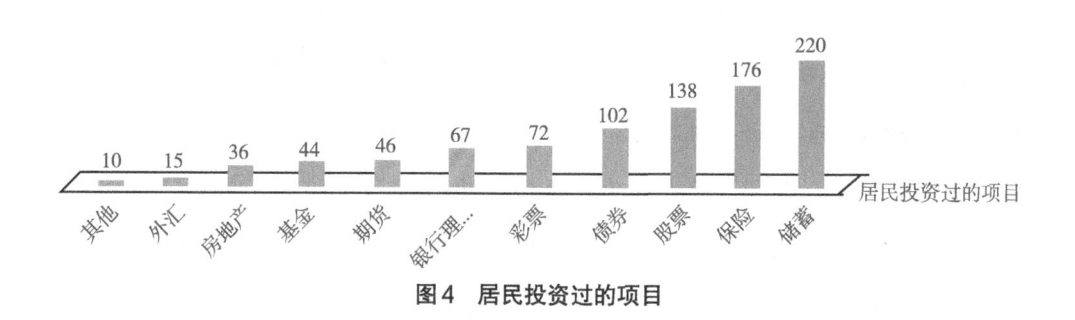

图4　居民投资过的项目

三、盐城居民消费投资情况现状

（一）盐城居民消费现状

1. 消费环境因素

调查结果显示，影响消费的因素较多。产品质量是影响消费的首要因素；商品价格、售后服务分列第二、第三位；"商家诚信度"很重要，也影响了消费者的消费行为，在众多对消费者消费行为的影响因素中位列第四。

2. 消费观念因素

通过调查发现，年轻人的收入偏低，随着物价指数的不断上涨，本该最有消费潜力的年轻人因为高昂的物价，反而消费不起。很多收入相对较高的小商贩们宁愿将钱投资于房产或存入银行也不愿意进行其他消费。此外，盐城与南京、上海等国际化大城市相比，消费环境与消费观念还是滞后的。而且，可消费的文化娱乐活动相对较少，因此，这部分的居民消费也相对较少。

3. 心理预期因素

盐城居民的心里预期分两种，一类居民对经济形势抱乐观态度，消费也会积极一些。另一类居民认为经济形势不乐观，他们会保守消费，将一部分收入储蓄起来，用于购房、教育、医疗、养老等，以备不时之需，这些因素在很大程度上制约了这类居民的消费能力。

（二）盐城居民投资现状

1. 储蓄仍然是盐城居民投资的首选

到银行储蓄是多数盐城居民存放闲置存款并获得收益的途径。盐城作为一个中小城市，接受新兴事物的能力不如大城市，居民了解最多的也是储蓄，所以大量居民将存款存入银行。

2. 购买股票、基金、债券成为盐城居民投资热点

盐城位于长三角地区，地区经济发展较快，接受的新鲜事物较多，炒股的居民还是相当多的。近期股市行情好，很多人赚了钱，盐城地区股民人数和新开户人数都急剧地增加。基金是近几年来股市投资的热点，对于金融知识不多、无暇投资理财的居民具有特别的吸引力。购买债券尤其是国债既安全又有较高的收益率，往往一推出就被盐城居民抢购一空。

3. 银行理财、投资类保险、购买外汇和黄金成为盐城居民投资新宠

银行个人理财被众多盐城投资者熟知，保险市场上投资类的险种也引起众多关注。有不少居民选择外汇，外汇交易是通过币种间的汇率差价来获得收益。由于人民币升值、美元加息、油价飚升，外汇市场潮起潮落，给盐城居民的外汇交易提供了操作空间。总体来说，这些新兴理财产品的兴起激发了盐城市民的投资热情。

四、分析盐城居民消费投资情况存在的问题

（一）盐城居民消费存在的问题

1. 盐城居民偏重于温饱型消费，享受型消费不足

目前，盐城市居民温饱型消费与享受型消费的比例是失衡的。居民人均食品消费和人均消费支出具有很大的相关性，当今是教育、医疗保健消费的时代，这类消费越来越多，但娱乐服务和电子产品和其他新项目的消费明显不足，农村居民的比例更低。

2. 盐城居民消费水平城乡差距较大

盐城市城市居民消费水平一直保持快速增长的势头，农村居民的消费水平在同一时期的增长相对缓慢，农村消费与城镇消费相比，存在着巨大的差距。要提高农村居民的消费偏向，开拓农村消费市场，发掘农村消费潜力，将成为盐城市快速拉动内需的第一选择。

3. 盐城地区社会保障制度不健全

由于传统的消费观念、消费习惯并对未来或未知因素的不确定性，如失业、养老、医疗、教育和收入。所以，盐城居民对未来生活保障信心不够，消费意愿降低，储蓄意愿增强。

（二）盐城居民投资存在的问题

1. 理财不注重风险管理

由于盐城居民理财的历史较短，居民对投资风险性往往认识不足，普通居民投资产生的风险性主要有两个方面：一是盐城居民投资时只看收益率，忽视风险；二是追求单一产品收益，不注重资产的最佳结构组合。

2. 注重近期利益，缺乏长期理财规划

盐城居民在理财时对短期产品品种收益比较关心。居民对长期的理财市场缺乏专业认识，接受能力较低。其实"理财"如同一场马拉松比赛，中途跑得快并不一定最后获胜。普通居民理财必须先设定财务目标，然后根据当前资产现状、收入水平、家庭和社会的发展，确定合理的理财方案。其中应包括教育规划、养老规划、投资规划、危机风险管理规划、税务规划、遗产规划等内容。

3. 对银行现有业务品种缺乏了解

由于居民观念问题以及盐城当地银行的营销和宣传方式存在一些问题，居民对理财产品产生了片面认识。当前，大部分人的理财形式还是传统的储蓄，有的居民甚至认为只有把钱存放在银行才是理财。

五、盐城居民消费投资情况的优化策略

（一）盐城居民消费的优化策略

1. 改变居民消费观念，发展信用消费

适量发展消费信贷，可促进将储蓄转化为消费，使居民消费迅速升级。首先要加强宣传，加深盐城居民对信用消费的认知，从而接受信用消费，主动改变传统消费观念；其次，政府应该加大消费信贷的支持，银行降低贷款利率，甚至免息政策刺激消费；再次，加强消费信贷的立法工作，提供消费信贷发展的法律支持，规范当事人的消费信贷市场行为；最后，完善个人信用征集系统，创建信息共享机制，解除银行与消费者之间的信息不对称关系。

2. 加大对网络消费的支持力度

在中国电子商务快速发展的前提下，江苏电子商务状态走在全国前列。盐城市可以依赖江苏电子商务发展特点促进居民进行网络消费。可以支持重点企业开展一些活动促进信息化提升、网络化发展、线下线上交易齐头并进。

3. 细分消费群体，分层次培育消费热点

依据盐城居民城乡消费不同特点，政府可引导市场进行差别化供给，并为不同群体提供不同的消费产品。低收入群体消费水平较低，可以提供物美价廉的产品；中等收入群体对收入和价格都较为敏感，可以通过发展消费信贷、降低产品价格来释放他们的购买力；高收入群体以享受型消费为主，可以提供个性化、精品化的消费产品。同时，关注老年人的消费情况，现在老年人较为关注养生，可以在医疗保健、食品、旅游、娱乐为老年人提供专业化的服务。

（二）盐城居民投资的优化策略

1. 从居民角度

盐城居民需要加快转变思想观念和思维模式，切忌想当然的估计各项业务的风险和回报，必须以多样化的投资组合取代单一的银行储蓄行为，实现资产的最大增值。同时建立财务管理意识，提高财务管理意识，尽可能地接受金融知识，以提高资产的自我管理能力和抵御风险，从而在投资的过程中形成自己的意见。

2. 从金融机构的角度

盐城地方金融机构需提高服务水平和质量，培养高素质的理财专家，能及时为客户提供风险和财务建议。可以为每个客户提供个性化的融资计划，提高金融品牌知名度和忠诚度。必须最大程度地发挥盐城自身的优势，多渠道、多层次地引进金融人才。同时，对于现有的金融从业人员，应该定期开展各项业务培训课程和进修课程，要明确金融机构业务人员有义务也有责任向客户提供方案的相关信息及预期的收益与风险提示，让客户真正的从投资理财中收益。

3. 从政府和监管机构角度

应完善盐城地区金融法律法规建设，规范市场运作模式。对于金融行业准入标准，应严格按照有关规定，开展金融机构之间的良性竞争和引导，创造良好的经济环境和政策。此外，协助金融机构增加投资和财务管理知识，提高居民的经济能力和质量。

通过对以上调查结果的分析，我们认为盐城市居民消费、投资行为存在一些值得大家关注的问题。不同年龄段的人，投资消费观念有所不同，年轻人肯消费、敢投资，而年纪大一点的人则偏向于求稳，更喜欢存点钱养老；不同教育背景的人投资消费观不一样，受过高等教育的人，收入高的概率普遍大一些，也使得他们消费多，他们接受到的投资理念也相对先进一些，投资方式多一些。而文化层次低一些的人更多的是听别人说，对投资方式的认识相对少，更偏向于储蓄。

综上所述，扩大当地的消费和投资需求，是一项繁杂的系统工程，除了健全居民增收长效机制，不断提高居民收入水平、完善社会保障制度外，还应加大支持力度，落实具体措施。

参考文献

[1] 杨艳军.投资学[M].北京：清华大学出版社，2005.

[2] 杨天宇.中国的收入分配与总消费[M].北京：中国经济出版社，2014.

[3] 盐城市统计局.盐城市统计局关于2014年国民经济和社会发展统计公报[R].盐城市统计局，2015.

[4] 卢家昌，顾金宏.家庭金融资产选择行为的影响因素分析——基于江苏南京的证据[J].金融发展

研究，2009(10).

[5] 赵明，邓恩. 浅谈如何做好家庭投资理财[J]. 企业家天地（理论版），2011(4).

[6] J.Huerta de Soto.Currency, bank credit and economic cycles[M]. Industrial Press, 2012.

点评：

1. 适应性评价：本选题适合大学生科研训练。盐城市是江苏省苏北较落后地区，近年来经济发展快，居民的消费和投资状况有了很大的变化，对此进行调查和研究有现实意义。

2. 论点与论证过程评价：文章观点正确。对区域性消费市场与投资行为进行了有益的探索。论证过程也较下功夫。

3. 选题角度比较好，文章突出了相关数据，有一定的说服力。

4. 论文结构完整，一些地方表述方面欠完整。

赵秀池　张　泰

我国商业银行开展互联网金融业务的探讨

学生姓名：黄婧雅
指导老师：秦艳梅

摘　要： 商业银行体系是服务业赖以生存的基础，具有支撑实体经济发展的基本功能。我国商业银行已将互联网金融纳入其发展战略。互联网金融，通过掌握传统金融体系所具备的功能，对商业银行产生一定的冲击。互联网金融正在瓜分传统银行业的市场，包括存款和客户。对于商业银行业来说，互联网金融是一块新的领域、新的蓝海和新的竞争高地。只要做得好，商业银行很有可能在互联网金融的平台上再造一个新的银行模式。本文对互联网金融进行了简要的概述，对如何开展互联网金融、我国商业银行产品如何占领市场、我国商业银行面临的主要问题进行研究。

关键词： 互联网金融　商业银行　金融模式　金融创新

互联网的发展和产生都离不开社会需求的变化以及科技进步的推动，互联网金融也不例外，互联网金融的兴起给我国商业银行带来了危机，同时也带来了生机。互联网金融是在社会需求推动下的新时代发展产物。

一、我国互联网金融的现状

互联网金融（internet finance）是2012年提出的概念。互联网金融一般指货币的融通，所谓货币融通，是指资金在各个市场主体之间的融通转移的过程。资金融通依托互联网实现的方式方法都可以称之为互联网金融。支付、信息处理及资源配置是互联网金融的三大支柱。

(一) 互联网金融发展

互联网金融是一个弹性很大、极富想象空间的概念，其兴起有深刻的背景。这些背景中，有些是全球性的，有些则是我国所特有的。

第一，互联网对许多不需要物流的行业都产生了影响，金融也不例外。第二，整个社会走向数字化。第三，一些实体经济企业积累了大量数据和风险控制工具，可以用于金融活动，如阿里巴巴为代表的电子商务公司。第四，我国金融体系中的一些低效率或扭曲因素为互联网发展创造了空间：（1）长期以来，我国的正规金融企业未能有效地满足中小企业和"三农"的金融需求，与此同时，民间金融（或非正规金融）因其内在局限性而导致风险事件频发；（2）经济结构调整产生了大量消费信贷需求，其中有很多不能从正规金融企业那里得到满足；（3）在存款利差受保护的情况下，银行利润高，各类资本都有进入银行的积极性；（4）受管制的存款利率经常超不过通货膨胀率，股票市场多年来不景气，再加上政府近年对购房的限制，老百姓的投资理财需求得不到有效的满足；（5）在IPO管理体制下，股权融资的渠道不畅通；（6）证券、基金、保险等的产品销售渠道受到商业银行的限制，因此有动力拓展网上销售渠道。

我国的金融资源长期集中在国有部门。未来十年内，可预见的趋势是，大量金融资源将从国有部门转移到私营部门。金融资源分配格局的变化，也会促进金融的发展。

(二) 互联网金融发展的中国模式

中国的互联网创业中，最常见的模式叫做C2C（copy to cChina）❶，就是说当美国等发达国家出现一种互联网服务的新模式时，中国会迅速地出现相应版本（例如，雅虎催生了搜狐，google催生了百度），互联网金融在中国的发展也基本

---

❶ C2C即个人与个人之间的电子商务。例如，一个消费者有一台电脑，通过网络进行交易，把它出售给另外一个消费者，此种交易类型就称为C2C电子商务。

上遵循了这一规律，同时又有我们自己独特的创新与发展。根据互联网金融模式的业务功能，将互联网金融的中国模式归为四类：支付平台型、融资平台型、理财平台型、服务平台型。

二、开展互联网金融我国商业银行面临的主要问题

（一）我国商业银行产品市场及收入减少

随着第三方支付、网络信贷及理财产品的服务内容不断增加，我国商业银行的信贷业务、理财产品业务及中间业务都面临着新的竞争。（1）以支付宝为首的互联网第三方支付企业，参与互联网及移动电话支付、银行卡收单、预付卡发行的受理、货币汇兑等众多业务支付环节，对银行中介业务收入产生较大的影响；（2）当前以阿里金融为代表的网络小额贷款公司发展迅速，分流了银行机构部分的中小微客户，对致力于中小微信贷业务的中小银行形成一定的竞争压力；（3）2013年被认为是互联网金融的发展元年，以余额宝为代表的互联网金融理财品受到人们的追捧，除了互联网营销的巨大效应、方便灵活的存取方式和便捷舒适的使用体验等优势外，最根本的还在于目前我国的短期利率与长期利率倒挂，使得货币市场收益率高于商业银行长期存款利率成为可能，从而使商业银行在产品市场中有了强有力的竞争力，其方便灵活的操作方式在年轻人及上班族的群体中颇受青睐。

（二）我国商业银行金融创新认识不足

我国商业银行业可能因为互联网金融模式的影响发生竞争格局的改变。一些互联网企业已不满足只做第三方网络支付平台，而是凭借数据信息积累与挖掘的优势，直接向供应链、小微企业信贷等融资领域扩张，未来可能冲击商业银行的核心业务、抢夺商业银行客户资源、替代商业银行物理渠道、颠覆商业银行传统经营模式和盈利方式。商业银行金融创新不足有以下三点：（1）商业银行对金融创新的重要性认识不足。大部分商业银行没有把金融创新提高到是战略认识上来看，没有真正的把金融创新作为求生存、求发展的关键来看，都是把金融创新当作是补充和推动银行发展的策略行为，没有认识到转变经营模式，增加银行利润

的重要意义。（2）自主创新不足，产品同质化现象严重。由于缺少对创新产品的知识产权法律保护，一种创新产品开发出来后没有有效的法律制度加以保护和认定，就会很快的被其他银行所复制模仿，使产品开发银行预期利润会降低。因此银行不愿意投入大量的精力去搞创新，使产品同质化的现象比较严重。（3）缺乏金融创新的高素质人才，阻碍了金融创新。金融创新离不开高素质人才，优秀的人才是金融创新的基础。一般商业银行的员工知识结构老化、业务单一、缺乏创造力，开发人员基本都是专业计算机人员，不熟悉业务，缺乏金融知识，不具有开发创新产品复合型知识。

（三）网络安全问题

网络安全问题一直都是困扰着互联网金融的最大问题。据调查，目前80%的网站都存在安全问题，很多投资者在互联网上投资泄露了自己的很多个人信息，并且在投资支付过程中出现了问题，对投资者来说有很大的风险。网络安全问题有：（1）截获、篡改传输数据。目前商业银行还没有自己专用的传输光钎，利用先育网络系统通过公网传输大量的数据信息，容易被不法分子截获或篡改。（2）窃取敏感数据。银行通常采用软件加密来包保护文件数据，而软件加密最大安全隐患就是无法安全保存加密密钥。加密密钥一旦被取得，攻击者就可以轻易地获得敏感数据。

（四）法律制度及监管处于真空状态

目前，有关我国互联网金融的相关法律还很不完善，对互联网金融的定义及相关机构的准入原则还没有明确的规定。到目前为止，还没有一部法律能覆盖互联网金融的所有业务。在监管方面，由于我国的监管模式是"分业经营，分业管理"，而互联网金融属于互联网和金融领域的交界之处，所以关于互联网金融的监管仍处于真空的状态：（1）金融监管体系无法完全覆盖，互联网金融管理分散。互联网金融监管处于法律真空地带，央行和银监会都无法确定权限实施监管。（2）互联网金融监管手段欠缺。互联网金融交易虚拟化、交易对象的全球化和交易时间的缩短、交易频率的加快给监管带来了极大的挑战，传统的监管手段已经不能适用了。

三、推动我国商业银行开展互联网金融的对策

（一）重新审视金融战略，构建网络思维

商业银行用互联网思维来做金融，深化电子银行创新，有效结合运用互联网进行市场拓展，提高用户体验来激发和拓展用户需求势在必行。金融服务结合互联网优势，通过多种渠道，以客户需求为导向提供全方位服务，才能跟上互联网经济时代的步伐。

（二）创新传统业务、拓展客户和渠道

商业银行可以开展与互联网社区、电子商务等企业的合作，从而掌握数据通道来源，建立自己的电子商务平台。商业银行还需要加强信息安全保障，进一步完善信息应急处理机制和金融保密机制，有效提高自身风险管理水平，保障新形势下金融业务的持续稳定运行。

（三）促进智慧网点建设及产品创新

网络时代最主要的特点之一就是数据化，智慧网点的特点如下：流程优化且高效；客户洞察与营销；网络互连；全方位宣传；资源整合。智慧网点主要依托于数据仓库和大量的数据分析，着力于改善客户体验，整合网点各项资源。商业银行借助后发优势，进行全面转型，坚决执行网点转型举措，必将有效提升商业银行网点品牌和市场竞争力。商业银行应加大互联网大数据、云计算特征及LBS（位置服务）、语音识别服务等新兴技术的研究力度，不断探索新兴计算理念、终端技术与移动支付的融合创新。

（四）加强网络网站的监管及修复

通过提高网络技术手段解决用户的网络安全问题，保护客户的私人信息，提高网络支付安全。为了保障网络银行的安全运行，该系统从以下三方面进行了安全性设计。（1）客户合法性检验，建立客户合法性检验机制，客户在操作其帐户时，必须提供客户号和相应的密码，密码只有客户知道，也只有客户能进行修改。对公客户的身份认证由IC卡实现；（2）安全的数据传输。采用SSL协议实现重要信息在Internet上的传输安全控制，提供如下安全保证：①传输数据的保密性。在Internet上传

输的客户资料和帐户信息是经过加密的。②传送数据的完整性。保证数据在传输过程中不被偶然或恶意的更改。③交易双方的身份认证。客户和银行能够互相确认对方的身份。④交易的不可否认性。客户和银行都不能对达成的交易矢口否认；（3）银行内部网络的安全。在Web服务器和Internet之间设置防火墙系统，将银行内部网和Internet进行有效隔离。采用网络安全管理软件。制定有效的网络安全管理措施。

（五）制定相关法律及监管制度

对于互联网金融法律制度的完善仍然是一个亟待解决的问题，我们应该着手于互联网金融的法律制度的制定及完善。中国证监会主席长刘士余曾说过，"发展互联网金融，应注意防范风险，两个底线不能碰、不能击穿：一是非法吸收公共存款，二是非法集资。"因为我国目前的互联网金融的监管相当缺失，要想做好相关的监管工作，必须要做大量的调查研究才能实现。金融监管机制建设要全方位展开，包括金融要素价格、基础设施、退出机制和保护机制等金融监管体制改革要全面深化。

参考文献

[1] 谢平. 互联网金融模式研究[J]. 金融研究，2012(12).

[2] 李文龙. 银行如何应对互联网金融冲击[EB/OL].（2013-6-15）[2014-7-5]. http：//www.finan-cialnews.com.cn/yh/gcl-891201306/t2013061534818.html.

[3] 谢平，邹传伟，刘海二. 互联网金融融手册[J]. 北京：中国人民大学出版社，2014.

点评：

1. 适用性评价：选题适合大学生科研训练使用。

2. 论点与论证过程评价：论文观点正确，论证过程基本符合逻辑。

建议更加有逻辑性地整合下列资源：互联网及互联网金融的概念、互联网金融发展状况（成因、现状、模式）、互联网金融对我国商业银行的影响（正面、负面）、应对互联网金融冲击我国商业银行应该采取的对策等。

赵秀池　张　泰

北京市宋庄传统文化艺术的发展

学生姓名：姜香丽　徐　笑
指导老师：张　洁

摘　要： 北京市宋庄作为一个传统文化的聚居地，其悠久的历史、丰富的文化底蕴和富于包容性的文化艺术氛围，吸引了很多青年艺术家的光临，促进了宋庄文化产业的发展。在这样一个充满活力、文化、绿色、时尚、乐活、艺术气息的地方，我们的传统文化将会和谐的发展。在本篇论文中，我们首先对北京市宋庄传统文化艺术的现状及发展进行调查和分析。其次，对宋庄文化产业存在的问题、宋庄传统文化面临传承问题的原因及宋庄传统文化发展的传播途径进行详细的讲述，最后得出结论，对北京市宋庄传统文化艺术该如何发展提出了一些建议。

关键词： 北京　宋庄　传统文化艺术　发展

在北京市通州区新城东北部，坐落着这样一个村落——宋庄，又被叫做宋庄文化创意产业集聚区。它是在2006年12月北京市认定的首批十个文化创意产业聚集区中面积最大的一个。作为中国传统文化的传播地，宋庄将被重点打造为传统文化艺术发展的平台。

一、北京市宋庄传统文化的现状

（一）宋庄的概况

宋庄地处北京东部发展带上，西与朝阳区接壤，距CBD中央商务区十三公里，北与顺义区为邻，距离首都机场两公里，正好处在空港相邻地区。宋庄总面积115.929平方公里，地势开阔，可供开发文化建设的空间很大。宋庄还是东北及环渤海地区进京的交通要塞，公路系统发达，将宋庄与北京城市中心紧密连接在一起。

（二）宋庄的文化产业优势

目前宋庄有2000多个艺术家，美术馆有十几家，画廊有七十多家，正在逐渐形成集现代艺术作品创作、展示、交易、和服务为一体的艺术品市场体系及相关配套产业和服务行业，主要以卖画和书法为主。

（三）艺术家的生活状态

随着国家大力发展文化产业，宋庄的文化产业做得越来越大，可是艺术家们几乎没有市场。随着物价上涨，生活成本提高，艺术家们的作品没人收藏，使得一些艺术家离开宋庄，传统文化的传播有了阻碍。

（四）宋庄画家村传统文化的发展

随着宋庄艺术经济的发展，这个兴起于十几年前的画家村，不断地进行产业升级，逐渐由纯粹的画家村向创意园区转变。在文化创意的积极推动下，发展得越来越好，使传统文化可以发扬光大，让更多的人了解我们的传统文化。

二、宋庄文化产业存在的问题

宋庄的文化资源虽然很丰富，但是由于当地农村环境的局限性，存在观念滞后、投资主体单一、行业限制过多等缺陷，加之市场对人才、资金、技术、信息、项目等文化资源配置没有起到基础性作用等原因，造成文化资源大量闲置和浪费，得不到充分有效的利用。无论是与人们的消费需求，还是与其他的艺术区相比，宋庄目前的文化产品和文化服务都存在着极大的不足。存在的问题主要有：一是观念落后，长期以来仅把文化作为活跃群众文化生活、改善投资环境的一种手段，没有把它当作产业来开拓；二是缺乏统一规划，没有相应的发展战略；三是产业结构不合理。传统文化产业的比重较小，当代新兴文化发展不够。文化产业企事业单位散、小、弱，各自为政，盲目发展的问题没有从根本上解决。文化产品的内涵不够，竞争能力差；四是创新不够，在观念上、体制上、机制上、管理上延续和遗留的计划体制的东西比较多，制约了各单位的体制创新、机制创新和管理创新。

三、宋庄传统文化面临传承问题的原因

（一）大多数人对宋庄传统文化的兴趣不高

大多数人尤其是青年人把传统文化作为旧事物看待，很少有积极主动去了解的态度，但愿意被动的接纳（42%）。还有一部分人（37%）对宋庄的传统文化不了解。此外，宋庄传统文化的宣传力度不够也是造成此现象的原因之一。相比之下，10%的人对宋庄传统文化艺术感兴趣，愿意花大量时间去了解。

在宋庄艺术区，有较多的人更注重对宋庄传统文化的理解（37%），但仍有少数人（11%）更在乎艺术区的娱乐性，大多数人（47%）则选择两者兼有。有5%的人表示不喜欢去宋庄艺术区。

（二）多数人对传统文化的认识不够深入

这种态度在对待宋庄民间艺术品上有所体现，大多数人虽然喜欢民间的艺术品，但他们更注重表面，对于物质载体下所体现的传统文化的内涵，没有主动认识和思考的意识，这种文化现象和快餐文化的广泛传播有一定的关系。当然，也有少部分人，喜欢并且愿意学习传统文化，在收藏艺术品方面和个人的经济实力有关。也有人认为自己不懂这些传统的民间艺术品，认为这些艺术品一般，可有可无，他们更倾向于选择现代化的商品。宋庄的民间艺术品，无论是绘画还是书法都是宋庄传统文化的表现形式，是传统文化的表现载体，对其更好地传承和发展起着不可忽视的作用。

（三）学校对传统文化的教育不够重视

学校教育是学生获得知识的主要途径，但是大多数学生对于传统文化的了解方式仅为日常积累，其次是课外兴趣，在学校学习传统文化的机会很少，说明学校教育对传统文化的重视度不够。

（四）人们尤其是青年人对传统文化知识缺乏记忆和了解

中国的传统文化内涵丰富、博大精深、包罗万象。尤其是青少年接触的少，了解得不够。宋庄的传统文化是中国传统文化的精华，没有对中国传统文化知识的记忆与储备，就不能很好地了解宋庄的文化艺术。

宋庄传统文化的传承和发展不仅需要艺术家们的支持和大力推动，也需要政府

和相关组织的大力支持，更需要对传统文化有深入了解和热爱传统文化的人们的积极参与。只有这样，宋庄的传统文化才得以延续和发展。

四、宋庄传统文化应如何更好的传播

宋庄的传统文化多以绘画、书法为主，发展时间较短，需要开发一个新的平台，让更多的人知道宋庄，让大家对宋庄有深入的了解。

（1）宋庄的文化产业，要以文化创意为核心，通过技术的介入和产业化的方式制造、营销不同形态的文化产品的行业。

（2）可以通过媒体采访、当地政府的大力宣传、在传统文化创意的网站上多做一些宣传。

（3）宋庄的传统文化艺术虽然发展时间较短，但是宋庄的当代艺术发展时间较长，传统文化可以与当代艺术相结合，创造出新的文化，使人们既学习到传统文化的精髓，又开拓了新视野，让更多的人关注宋庄艺术，对传统文化有深入的了解。

（4）受西方的影响，现在的中国传统绘画里有诗意、有内涵的作品越来越少，对传统文化的意识越来越淡薄。在宋庄，可以通过打造一个平台的方式，让艺术家们和喜爱传统文化的人们聚集在一起，共同交流传统文化，提供专业的、系统的展览，当地政府和相关组织提供资金支持，让更多的艺术家们从中受益，发觉、培养新的画家，让传统文化深入人心，发扬光大。

宋庄传统文化发展途径如图1所示。

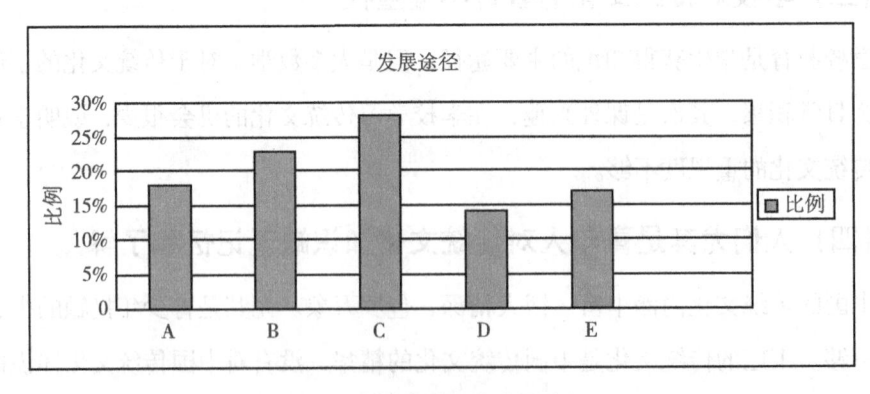

图1 宋庄传统文化发展途径

（注：A.传统文化自身改革发展以适应现代社会；B.政府出台有力的政策扶持；C.提高市民们对传统文化的保护意识；D.营造良好的环境，传承传统文化的浓厚氛围；E.加大宣传，拓宽宣传渠道。）

五、宋庄传统文化应该如何发展

在经济全球化面前，传统文化因受外来文化的侵略影响，势力有所减弱，但整体上保持平稳发展。有些人认为，传统文化势力仍然很大，要坚信我国的传统文化经久不衰，这种自信和积极的态度是可以肯定的，但我们也不能逃避传统文化的势力大大减弱的现实。宋庄的传统文化反映在艺术家的作品上，以绘画和书法为主，面对外来文化的侵袭，应该辩证地对待外来文化，去其糟粕、取其精华，更好地传承中国文化，这是正确的态度。在宋庄，当代文化也有一席之地，这种义化包含着现代人的生活态度和思维方式，有创新和科技含量，其中也融合了西方的外来文化。宋庄的传统文化的发展方向不能一味地固守陈规，只有悠久的中国的传统文化，没有创新。应该有其自己的文化发展方向，21世纪重视包容精神与融合精神，宋庄文化可以将传统文化与当代文化相结合，继续向前发展。

参考文献

[1] 张家鹏，王祥. 中国文化概论[M]. 沈阳：辽海出版社，2006.

[2] 刘梦溪. 中国高端讲座第壹辑文化的要义[M]. 海口：海南出版社，2006.

[3] 龚红月. 智圆行方的世界中国传统文化概论[M]. 广州：暨南大学出版社，2008.

[4] 武才娃. 中国传统思想文化论衡[M]. 北京：社会科学文献出版社，2011.

[5] 黄高才. 中国文化概论[M]. 北京：北京大学出版社，2011.

点评：

1. 适用性评价：适合大学生科研训练项目选题，学校地处宋庄，选择宋庄传统文化艺术的发展来调查研究，提出发展的主张有积极意义。

2. 论点与论证过程评价：论点正确，结构规范。

分析较为深入，提出了发展当地传统文化艺术的策略，语言表达准确，但受作者自身艺术修养及对传统文化艺术市场的了解不足，文章略有些浮于形式。

张　洁

我国QDII投资现状与风险调查研究

学生姓名：唐富兰 龚 婷 陈旦红

指导老师：贾墨月

摘 要：我国对外经济金融开放加大，我国的外汇储备和外汇需求加速增长，居民的海外投资需求旺盛。在这种背景下，QDII投资基金制度顺利出台。QDII投资指在资本项目未完全开放的情况下，允许政府所认可的境内金融投资机构到境外金融市场进行投资的机制（如以外汇资金在国际金融市场上投资于股票、债券、基金、期货等）。然而，目前的国际金融市场波动较大，QDII进入国际资本市场发展如何，面临那些风险和问题值得了解和研究。

关键词：QDII制度 投资现状 风险调研

在跌宕起伏的国际市场中，我国QDII基金在国际资本市场上发展状况，DII基金投放什么市场？投资了哪些产品？QDII投资投资遇到了什么风险？又是如何防范的？这些问题引发了我们浓厚的兴趣，我们针对这些情况进行了初步调查研究。

一、调研对象与方法

（一）调研对象

购买QDII基金的投资人、QDII基金公司、证券公司、投资公司及其他从事QDII业务的企业与公司。

（二）调研方法

(1) 采用文献资料法，查阅与本研究有关的文献资料及文件，并进行有效的检索、分析和利用。

（2）采用问卷调查法，我们对公司和个人共发放了400份问卷，同70位企业管理人员交流。并且对国泰君安证券管理公司进行深入考察，总结整理出来了很多实际存在的问题。我们对这些问题进行深入分析后，提出了一些建议。

二、调研数据汇总

（一）QDII筹资的手段

表1所示统计数据说明QDII基金公司在筹资时更多的倾向于私募。

表1 QDII筹资手段

基金公司筹资手段	基金公司数量
公募	76
私募	124

（二）QDII投资的产品

表2所示，数据统计发现QDII基金公司投资的产品主要集中在股票、黄金等。

表2 QDII投资的产品

基金公司投资的产品	股票投资基金	地产基金	能源基金	黄金基金	有色金属基金
基金公司选择各产品的家数	146	93	82	132	54

（三）QDII投放的市场

如表3所示，问卷统计说明QDII基金投放最多的市场是纽约市场和香港市场。

表3 QDII投放的市场

QDII的投放市场	香港	纽约	伦敦	亚太	其他
QDII基金公司投放各市场的家数	106	120	54	54	26

(四) QDII 投资时所遇的风险

如表 4 所示，问卷统计说明基金公司投资时所遇风险最多的是市场风险和汇率市场。

表 4　QDII 投资时所遇的风险

风险的种类	汇率风险	市场风险	法律风险	国别风险	其他
QDII 基金公司选择各风险的家数	186	173	54	106	27

(五) QDII 运作时规避风险的手段

如表 5 所示，调查显示基金公司主要靠分散投资以及引入创新的金融工具来规避风险。

表 5　QDII 运作时规避风险的手段

基金公司规避风险的手段	购买远期	购买掉期	分散投资降低风险	引入创新的金融工具降低 QDII 产品活动波性
基金公司选择各风险的家数	133	40	173	80

三、QDII 调查结果分析

(一) QDII 资金的来源及投资产品的方向分析

QDII 筹资时为何更倾向于私募？为什么股票以及黄金能获得 QDII 基金公司的青睐？主要有以下三个原因。

1. 私募较公募更灵活且收益相对较高

QDII 筹资时会综合考虑多种因素。首先，公募筹集到的资金在投资时比例会有所限制，私募基金所受限制较少。其次，私募可以做金融衍生品和一些跨市场的套利交易，这样可以获得更多的投资机会。虽然私募基金筹集到的资金数量不如公募基金那么多，但是这样就更有利于资金的出市和入市，一旦有风险出现，也能及时采取补救措施,减少资金的投入量,降低损失。

2. 股票具有一定风险却能为QDII投资带来相应的收益

做好技术层面的分析,可以将风险降到比较低的程度。地产基金成为了许多基金公司偏爱的对象。在众多股票中,最受基金公司欢迎的是投资于房地产市场类股票以及区域性股票市场。下面我们就对其做具体的分析。

(1) 投资于房地产市场类股票

投资目标:主要投资于全球范围内的REITs,通过积极的资产配置和精选投资,在严格控制QDII投资风险的基础上,同时追求基金资产比较基准的长期稳定增值。

(2) 区域性股票市场:享受区域成长

可以投资香港、台湾市场的股票,投资欧美国家的中概股,投资亚太股票市场,投资纳斯达克股票市场、标普市场以及摩根士丹利新型市场指数中国家的个股。投资于这些区域性股票市场,可以分享到不同股票市场的投资收益,在分散投资的前提下,实现了收益最大化。

3. 黄金市场的交易特点使其成为QDII投资的良好选择

黄金市场是一个24小时的全球市场,只要出现投资机会,QDII便可以随时进入。黄金市场不是单向交易的市场,所以不管是熊市或是牛市,只要对国际黄金市场的行情走势判断准确,QDII就有机会获利。QDII投资于境外的实物黄金,密切关注金价的走势及购机的经济和政治局势变化,然后做出正确的判断,即能获得较为可观的收益。

(三) QDII的资金多投向于纽约市场和香港市场

1. QDII投向纽约市场

QDII基金公司通过销售QDII基金所取得的资金,很多投向纽约市场。大部分的基金公司都认为纽约市场比较成熟,所以十分看好纽约市场的前景,愿意投放资金,在承担风险的同时,期望获取高额的利润回报。尤其是在去年2014年中,虽然QDII基金整体表现逊于偏股票基金和债券基金,但主要投向于美国市场的一些产品仍然取得了不错收益。

2. QDII 投向香港市场

我们从 QDII 基金的海外市场分布可以看出，香港市场是他们主要投放的海外市场之一。但是，伴随着香港市场与 A 股市场的关联性越来越强，过度投资于香港市场会增加投资的风险，这样就会违背投资时分散单一市场风险的理论。

在表3中我们也可以看到基金公司在投资的时候，选择市场还是比较单一。主要原因是对于新兴市场，投资者的认可度不高。即使具有很大的投资潜力，投资者也不敢轻易投入资金。更深层次的原因是 QDII 基金海外投资经验不够丰富，且缺乏充足的投研实力。

（三）QDII 投资主要面临市场风险和汇率风险

1. 市场风险

QDII 投资时，很容易遇到市场风险。市场风险指在 QDII 投资时因商品价格、股票价格、及利率和汇率等波动而导致 QDII 投资收益的不确定性。各国的宏观经济政策、国际收支和汇率等变动都有可能带来股票市场及商品市场价格的剧烈的波动，而 QDII 投资的产品主要集中在股票和黄金等，给 QDII 投资带来潜在的损失。

另外，利率调整是各国中央银行应对通货膨胀、就业状况、国际收支顺逆差状况等而做出的调控宏观经济的重要手段之一。利率水平变动意味着投资者机会成本的变动。QDII 资金进入国际金融市场时，面临着各国利率变动带来损失的风险。所以 QDII 在投资时也要考虑利率风险对其收益的影响。

2. 汇率风险

汇率风险，指 QDII 持有或运用外汇的经济活动中，因汇率变动而蒙受损失的可能性。经过调查我们发现，QDII 投资的产品主要集中在股票及黄金等，而 QDII 资金进入国际金融市场运作时，首先应将人民币兑换成美元或者欧元等，如在国际金融市场购买黄金时需先将人民币兑换成美元再进行投资，等到投资到期后再将外币兑换成人民币。若人民币升值，则可能产生购汇后人民币升值导致的本金损失及本币投资收益的损失，使 QDII 面临本金和收益的双重汇兑风险。所以 QDII 在进行海外投资时最好能进行对冲交易进行避险，以期获得最大的投资收益率。

（四）QDII主要靠分散投资以及引入金融工具来规避风险

1. 分散投资，降低风险

QDII基金在选择投放市场时，既要关注成熟市场，也要重视新兴市场。积极寻找更有优势的市场进行配置，争取在成熟市场和新兴市场都能获取较好的投资收益。在对股票进行配置时，更不能仅盯国际概念股，应该对股票进行多方面的筛选，从而进行更为合理的股票组合，在获得一定收益的前提下，同时有效的降低投资风险。

2. 直接聘用海外投资机构以解决国内QDII人才不足问题

直接聘用海外投资顾问也可以向其学习到境外金融市场的知识和经验，对培养本土QDII人才有着极其重要的作用。这样不仅能缓解国内QDII人才不足的问题，也能降低QDII境外投资的操作风险等投资风险。

3. 引入创新的金融工具以降低QDII产品波动性

通过股指期货对冲机制的应用，降低产品的贝塔风险，获得阿尔法的超额收益。产品同时也可以进行多元化投资，通过引入多样性的QDII投资品提高产品收益率。对于QDII投资而言，短期内可以采用购买远期和掉期的方法来减少经济损失。但从长远来看，不建议采用此种方法来规避风险。所以，引入创新的金融工具，从而降低QDII产品活动波性，是非常有必要的。

四、QDII投资发展的一些建议

综合以上分析，我们提出了一些关于QDII投资发展的建议。

（一）QDII基金公司的投资市场应该多元化

QDII基金公司对QDII进行投资时，大多主要投向于纽约和香港市场。过度将资金投放于这两个市场，一旦这两个市场发生风险，就会造成很大的损失。可以将资金多投放在亚太市场，或者其他市场。这在无形中，会增加投资的多元化配置。这也就意味着基金公司能够降低一定的投资风险，一定程度上解决了投资市场集中的问题。投资市场的多元化，将会带给基金公司更多的选择机会，分散风险的同时，可能还会获得一定的收益。

（二）QDII产品可依据不同客户制定

基金经理需要做出改变，不能再像以前那样，大部分情况下只针对高投资群体服务。我们调查发现，大多数投资者都是高收入者，他们购买的QDII产品占总数的大部分。QDII产品起购价格门槛过高，阻挡住了中低收入者进入投资QDII的计划。因此，降低门槛可以让更多中低级的投资者也能接触到QDII的产品及基金经理的服务，这样做在增加QDII产品的销售量的同时，也对稳定QDII产品收益率起到了一定的作用。

点评：

作者利用在国泰君安证券管理公司实习的机会对我国QDII投资状况做了调研与分析，总结了成败经验，提出了一些建议。选题有现实的针对性，建议也符合当前的状况。文字通顺，语言表述准确。

文章结构合理，最后应附上参考文献、调研的问卷式样等。

张　泰

非英语专业学生英语词汇习得策略调查研究

学生姓名： 徐雯婷 彭婕 邱日

指导教师： 宋柳

摘　要： 近年来，不少专家学者对词汇学习及记忆的各种策略进行了详细的分类说明及研究。如Cohen、Nation等人全面论述了词汇学习各种策略，认为广泛的阅读有益于词汇知识的提高。另外，还有不少学者对各种词汇策略的有效性进行了探讨，而且大部分研究都肯定了重复法和关键法等的有效性。然而，目前国内讨论记忆策略的文章和专著多为经验之谈或对国外理论的介绍，实证研究非常少。这些问题引发我们兴趣，我们通过发放问卷调查的方式，对非英语专业学生的英语词汇学习方法进行了较深入的调查，了解非英语专业学生词汇习得策略，并进行了分析，最后提出一些看法和建议。

关键词： 非英语专业学生　英语词汇　记忆策略

一、研究背景和目的

（一）背景

词汇是英语教学中的重要环节。然而，多年来国内外关于词汇习得方法的研究甚少。西方学者的研究大都局限于对某一种记忆方法的有效性进行探讨，可是在实践中大多数学生学习词汇时常运用好几种掌握和增强记忆的手段。在中国，针对词汇习得策略所做的实证研究则更为少见。对大多数非英语专业学生来说，学习英语过程中遇到的一个主要问题就是词汇习得。因此，非英语专业学生如何习得英语词汇是个值得探讨的课题。

(二) 目的

通过调查问卷，初步了解非英语专业大学生对英语词汇的学习方式、技巧及效果，从而发现非英语专业学生学习英语所存在的问题，找出更好的学习英语的方法。进一步提高非英语专业学生学习英语的进程，发挥其特有的功能。

二、社会调查内容与基础数据统计

(一) 调查内容

此次调查问卷中主要涉及了被调查学生的文化程度、学校、对英语的喜爱程度及在英语词汇中遇到的困难的基本信息。为了能从调查中得到有效的调查信息及问题，我们将问卷中的问题主要分为四个方面。第一，非英语专业学生的个人信息。第二，非英语专业学生学习英语的技巧和方法，主要调查非英语专业学生记忆单词的策略。第三，非英语专业学生学习英语的方式，是否报名英语辅导班，是否使用英语方面的软件。第四，对如何能够提高学习英语词汇的看法，何种因素影响英语的学习。

(二) 基础数据统计

我们根据收集来的数据，对反映出来的问题进行分析。此次调查问卷的数据来源来自"非英语专业学生英语词汇习得策略调查问卷"，共发放纸质问卷600份，其中空白问卷151份，有效问卷共400份，网上有效问卷106份。

三、调查问卷结果

我们调查的非英语专业学生按院校分，211、985高校的占20%，普通一本院校的占15.29%，二本院校的占22.35%，三本私立院校的占42.35%（如图1所示）。从被调查非英语专业学生对英语的喜爱程度看，喜欢英语的占27.1%，对英语感觉一般的占57.01%，不喜欢英语的占10.28%，讨厌英语的占5.61%（如图2所示）。由此可见，在调查调查非英语专业学生中，从所处院校上看，三本私立院校的非英语专业学生占大多数，其次是211、985高校；从非英语专业学生对英语喜爱程度上看，绝大多数学生多英语的喜爱程度是一般，极少数为讨厌。

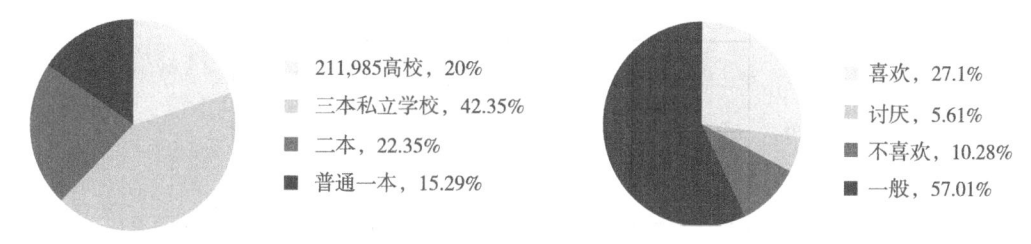

图1 被调查者所在院校

图2 是否喜欢英语吗

在"如何记忆单词"的问题上，51.4%的学生经常使用根据发音规则记单词，拼写时一边念一边写，32.17%的学生偶尔使用此种方法（如图3所示）；在"是否会定期复习学过的单词，碰到默写不出来的单词就抄几遍或读几遍"的问题上时，8.41%的学生一直使用此方法，21.5%的学生经常使用此方法，44.86%的学生偶尔使用此方法，25.13%的学生从不这样做（如图4所示）；在"学了新单词后，你会反复读这些新单词，一直读到能够默写为止"的问题上，10.28%的学生经常这样做，53.27%的学生有时使用此方法，只有8.41%的学生从来不使用（如图5所示）。

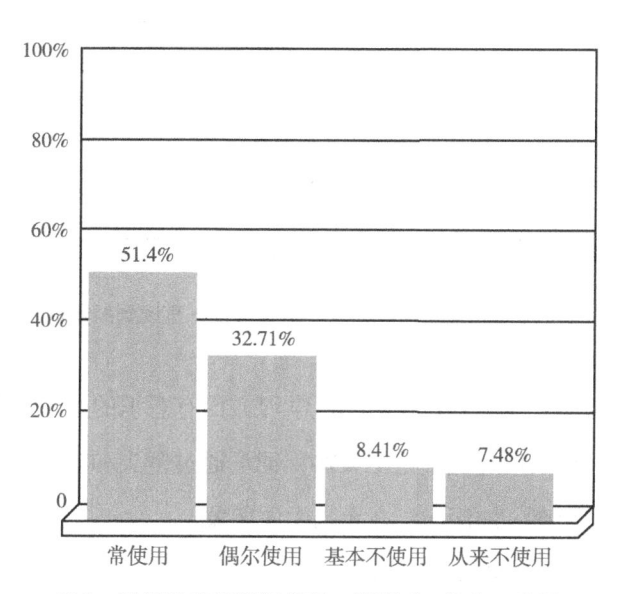

图3 根据发音规则记单词，拼写时一边念一边写

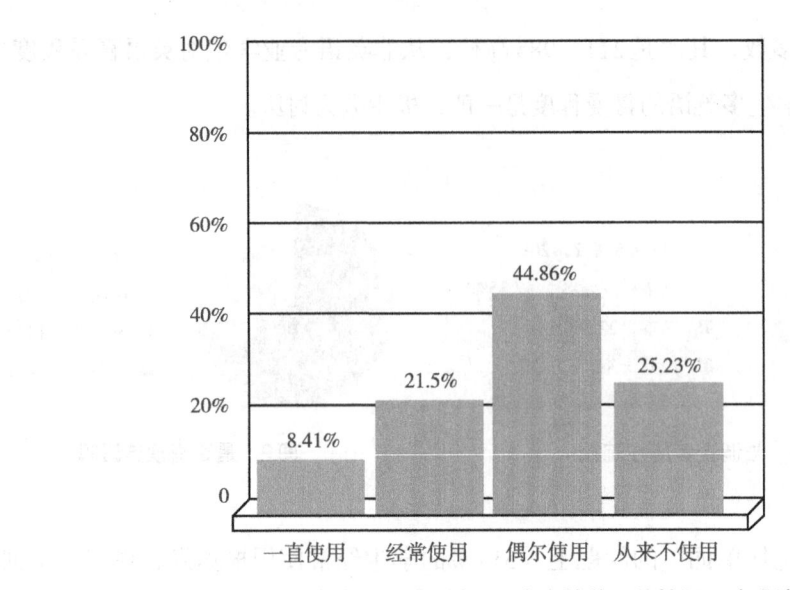

图4 定期复习学过的单词，碰到默写不出来的单词就抄写几遍或读几遍

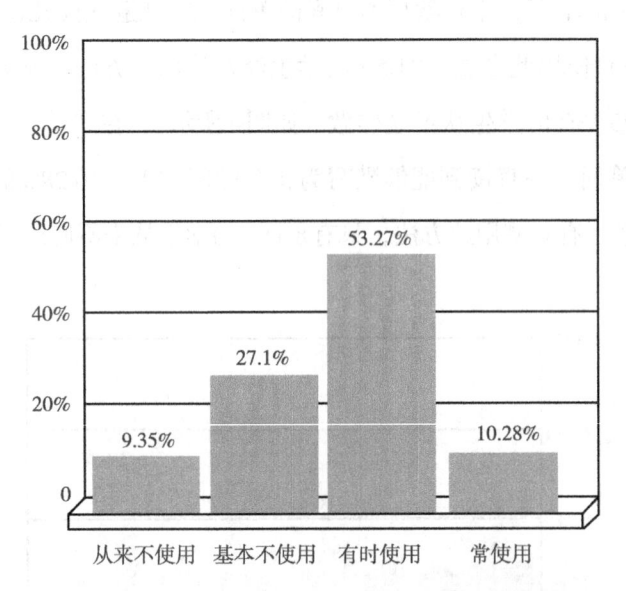

图5 学了新单词后，反复读这些新单词，一直读到能够默写为止

这说明，非英语专业学生在英语词汇学习方面有意识的采取了一些策略，最常用的是认知策略。该策略类似于记忆策略，词汇通过笔头和口头的大量重复后，可以增强词汇的输入频率，加深词汇在大脑中的印象。

在"你会常常找一些窍门或顺口溜等帮助记忆"的问题上，35.51%的学生偶尔使用一些窍门或顺口溜等帮助记忆，30.84%的学生基本不使用其他方法帮助记忆，另有14.95%的大学生经常使用一些窍门或顺口溜等帮助记忆，仍有14.02的学生从来不这么做，只有4.67%的学生一直使用一些窍门或顺口溜等帮助记忆（如图6所示）；在"在学习英语的过程中，你会可以刻意地去注意它的词汇搭配吗"的问题上，45.79%的学生偶尔会去注意，26.17%的学生经常会去注意词汇搭配，11.21%的学生很少会去注意，9.35%的学生基本不会在学习英语的过程中，刻意地去注意它的词汇搭配，只有7.48%的学生一直会注意（如图7所示）；在"按照事物的分类把表示同类事物的单词放在一起记忆"的问题上，有一半的学生偶尔使用这种记忆方法，有22.43%的学生经常使用，仍有15.89%的学生从来不使用此种记忆方法，仅有11.21%的学生一直按照事物的分类把表示同类事物的单词放在一起记忆（如图8所示）。

　　从图中可以看出大多数非英语专业学生在掌握词汇时，大部分人认为只要能记住单词的中文意思就可以，不太注意词汇的其他使用方法。因此，学生学习词汇很少考虑到通过编故事的方法将所学单词串连起来，忽视了词汇的搭配及其他相关用法。这说明学生在记忆词汇时，只求死记硬背其意思，不太重视词汇的运用，词汇学习策略方面存在一定的缺陷。

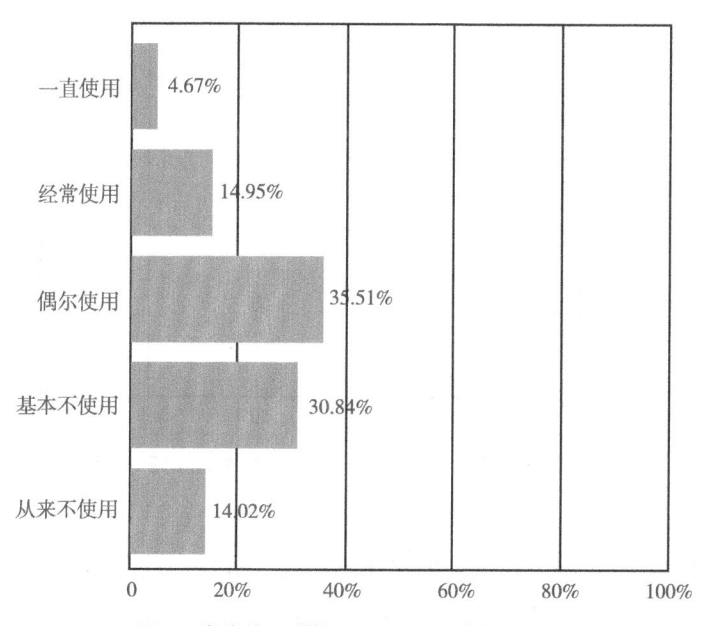

选项	百分比
一直使用	4.67%
经常使用	14.95%
偶尔使用	35.51%
基本不使用	30.84%
从来不使用	14.02%

图6　常常找一些窍门或顺口溜等帮助记忆

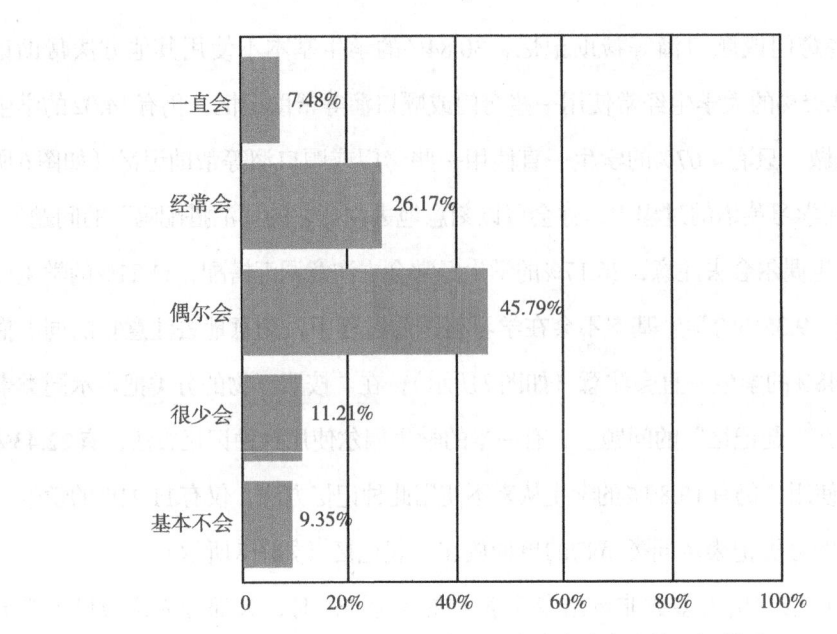

一直会	7.48%
经常会	26.17%
偶尔会	45.79%
很少会	11.21%
基本不会	9.35%

图7 在学习英语的过程中,刻意地去注意它的词汇搭配

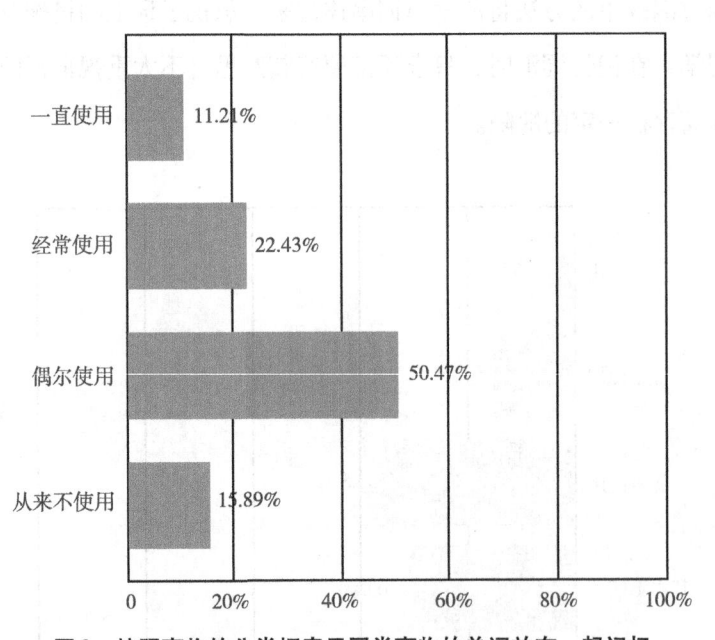

一直使用	11.21%
经常使用	22.43%
偶尔使用	50.47%
从来不使用	15.89%

图8 按照事物的分类把表示同类事物的单词放在一起记忆

图9是根据发音规则记单词与四级成绩的交叉分析。从图中可以看出,经常使用的四级成绩在650分以上占3.64%,600~650分占1.82%,550~600分占7.27%,500~550分占18.18%,485~500分占3.64%,425~485分的占34.55%,375~425分的

占 18.18%，375 分以下的占 12.73%。偶尔使用到的四级成绩在 650 分以上占 2.86%，600~650 分占 0.00%，550~600 分占 2.86%，500~550 分占 20.00%，485~500 分占 2.86%，425~485 分的占 31.43%，375~425 分的占 20.00%，375 分以下的占 20.00%。基本不使用的四级成绩在 650 分以上占 11.11%，600~650 分占 0.00%，550~600 分占 0.00%，500~550 分占 0.00%，485~500 分占 0.00%，425~485 分的占 33.33%，375~425 分的占 0.00%，375 分以下的占 55.56%。从不使用的四级成绩在 650 分以上占 0.00%，600~650 分占 0.00%，550~600 分占 0.00%，500~550 分占 0.00%，485~500 分占 0.00%，425~485 分的占 12.50%，375~425 分的占 25.00%，375 分以下的占 62.50%。通过以上数据我们可以看出，根据发音规则记单词与四级成绩成正比，会根据发音规律记单词的同学英语成绩一般高于不根据英语规律记单词的同学。所以建议英语成绩尚不好的同学，可以试着尝试根据发音规则记单词，这样可能会更加有利于帮助识记单词。

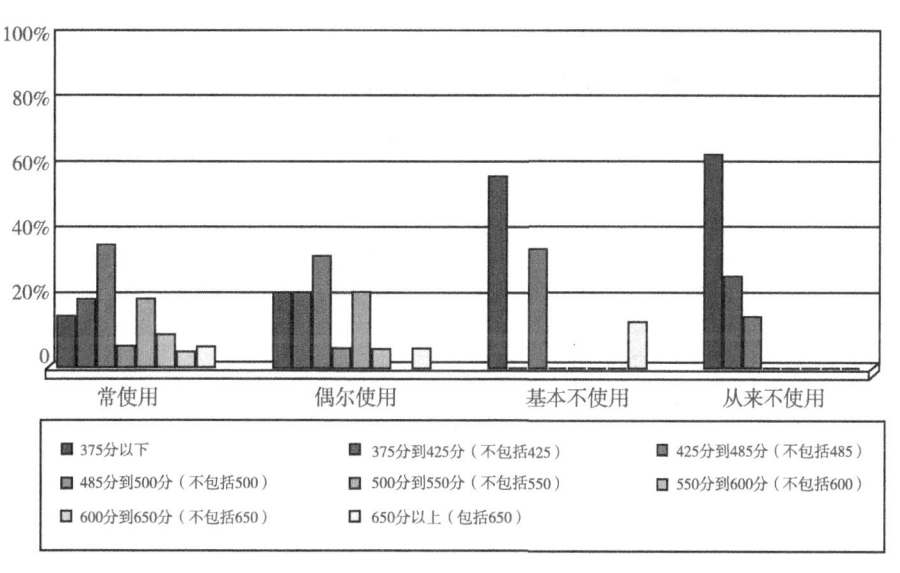

X\Y	375以下	375分到425分（不包括425）	425分到485分（不包括485）	485分到500分（不包括500）	500分到550分（不包括550）	550分到600分（不包括600）	600分到650分（不包括650）	650分以上（包括650）	小计
常使用	7(12.73%)	10(18.18%)	19(34.55%)	2(3.64%)	10(18.18%)	4(7.27%)	1(1.82%)	2(3.64%)	55
偶尔使用	7(20.00%)	7(20.00%)	11(31.43%)	1(2.86%)	7(20.00%)	1(2.86%)	0(0.00%)	1(2.86%)	35
基本不使用	5(55.56%)	0(0.00%)	3(33.33%)	0(0.00%)	0(0.00%)	0(0.00%)	0(0.00%)	1(11.11%)	9
从来不使用	5(62.50%)	2(25.00%)	1(12.50%)	0(0.00%)	0(0.00%)	0(0.00%)	0(0.00%)	0(0.00%)	8

图 9 根据发音规则记单词与四级成绩效分析

图10是注意发音规律与四级成绩的交叉分析。从图表中可以看出，经常使用的四级成绩有24人，调查者在650分以上占4.17%，600~650分占4.17%，550~600分占8.33%，500~550分占29.17%，485~500分占4.17%，425~485分的占16.67%，375~425分的占16.67%，375分以下的占16.67%。偶尔使用的有46人，而四级成绩在650分以上占4.35%，600~650分占0.00%，550~600分占4.35%，500~550分占17.39%，485~500分占2.17%，425~485分的占41.30%，375~425分的占13.04，375分以下的占17.39%。基本不使用的调查者有21人，而四级成绩在650分以上占0.00%，600~650分占0.00%，550~600分占4.76%，500~550分占4.76%，485~500分占4.76%，425~485分的占28.57%，375~425分的占28.57%，375分以下的占28.57%。从不使用的同学有15人，四级成绩在650分以上占6.67%，600~650分占0.00%，550~600分占0.00%，500~550分占6.67%，485~500分占0.00%，425~485分的占26.67%，375~425分的占20.00%，375分以下的占40.00%。一直使用的只有一人，而他的四级成绩在425~485的区间里。通过以上数据我们可以看出，使用发音规律的调查者的英语成绩远远高于不使用的，这也可以让我们得出，使用发音规律来识记单词是一种很好的方法来提高英语成绩。

X\Y	375以下	375到425分(不包括425)	425到485分(不包括485)	485到500分(不包括500)	500分到550分(不包括550)	550分到600分(不包括600)	600分到650分(不包括650)	650分以上(包括650)	小计
经常使用	4(16.67%)	4(16.67%)	4(16.67%)	1(4.17%)	7(29.17%)	2(8.33%)	1(4.17%)	1(4.17%)	24
偶尔使用	8(17.39%)	6(13.04%)	19(41.30%)	1(2.17%)	8(17.39%)	2(4.35%)	0(0.00%)	2(4.35%)	46
基本不使用	6(28.57%)	6(28.57%)	6(28.57%)	1(4.76%)	1(4.76%)	1(4.76%)	0(0.00%)	0(0.00%)	21
从来不使用	6(40.00%)	3(20.00%)	4(26.67%)	0(0.00%)	1(6.67%)	0(0.00%)	0(0.00%)	1(6.67%)	15
一直使用	0(0.00%)	0(0.00%)	1(100.00%)	0(0.00%)	0(0.00%)	0(0.00%)	0(0.00%)	0(0.00%)	1

图10　注意发音规律与四级成绩的交叉分析

四、结论及建议

综上所述，非英语专业学生使用频繁的重复和单词表不与词汇成绩显著相关，所以学生们应尽量避免死记硬背，把单词放到上下文中去理解，这样才能比单纯记忆单词更有效。建议学生们制定一个长期目标或者计划，以有效的运用发音规则，联想、上下文推测等方法学习英语，促进词汇量的增加和词汇学习能力的提高。发音规则记单词与英语词汇习得成绩密切相关，而学生对于发音规则记单词的自我监督、自我评估使用频率偏低，所以要提高学生对发音规则记单词的应用水平。

由此，我们建议，英语四级成绩不高的同学，在学习英语单词的过程中，去注意一下词汇的搭配及发音，可以更好的帮助我们的英语成绩的提高，也可以让我们更好的识记单词，理解单词的多种意思。

因此，学生在词汇学习的过程中应多向老师和同学请教，多和同学们交流经验，在遇到困难时，学习自我鼓励，以减轻学习的焦虑感，达到学习的目的。

点评：

1. 适用性评价：适合大学生科研训练项目选题。
2. 论点与论证过程评价：论文观点正确。

总体上，三人在实证研究中分工合理，有数据和分析，对于大学生来说，是个较好的研究成果，有一定的实用价值。

宋　柳

股转系统挂牌公司的现金分红决策研究

学生姓名：刘雯佳　黄俊杰　朱银昕

指导老师：石广才

摘　要：本文针对股转系统挂牌公司的特点，提出了影响其现金分红决策的六大因素，并对挂牌公司现金分红的决策程序及方案制定提出了建议和量化思路。

关键词：挂牌公司　现金分红　影响因素　决策程序

现金分红是股转系统挂牌公司的投资人实现投资收益的重要途径，制订现金分红决策如何能既保证投资人的收益又兼顾公司的发展需要？本文将通过影响因素分析和决策程序探讨等提出供决策者参考的思路和建议。

一、全国股转系统与挂牌公司概述

全国中小企业股份转让系统（下称"股转系统"，俗称"新三板"）是经国务院批准，依据证券法设立的全国性证券交易场所，主要为创新型、创业型、成长型中小微企业发展服务，全国中小企业股份转让系统有限责任公司（2012年9月在北京成立）为其运营管理机构。

2012年8月"新三板"试点从北京中关村扩大至上海张江、天津滨海、武汉东湖。2013年12月国务院下发了《关于全国中小企业股份转让系统有关问题的决定》。《决定》指出，境内符合条件的股份公司均可通过主办券商申请在全国股份转让系统挂牌，公开转让股份，进行股权融资、债权融资、资产重组等（从此扩容至全国）。申请挂牌的公司应当业务明确、产权清晰、依法规范经营、公司治理健全,可以尚未盈利,但须履行信息披露义务,所披露的信息应当真实、准确、完整。

由于挂牌公司多数是中小微企业,业绩波动较大、经营风险较高,需要投资者具备较强的风险识别和承受能力,股转系统规定了严格的自然人投资者的准入条件(证券类资产500万元以上),正在积极培育和发展机构投资者队伍,鼓励证券公司、保险公司、证券投资基金、私募股权投资基金、风险投资基金、合格境外机构投资者、企业年金等机构投资者参与市场。股转系统将建成以机构投资者为主体的证券交易场所。

据新华网报道,股转系统虽然执行严格的投资者适当性管理制度,其开户数依然持续增加,截至2014年3月月末,挂牌公司达到660家,开户数为13920户,其中自然人12299户,占比88%;机构1621户,占比12%。虽然自然人账户数占比较大,但全国股转系统的自然人投资者以挂牌公司既有股东为主,包括原始股东、董监高及参与股权激励的核心员工,有较强的风险判别和承受能力。这与沪深交易所市场自然人投资者形成明显区别。挂牌公司股东持股集中度非常高,前十大股东持股合计90%以上的企业近600家,多数企业大股东绝对控股。

据证券日报报道,截至2014年6月20日,股转系统挂牌公司达到800家,总股本为273.83亿股,2014年以来成交930笔,成交15564.83万股,成交额为19.43亿元。2014年挂牌公司突破1000家已无悬念。挂牌公司基本上实现了全行业覆盖,包括制造业、信息软件服务业、金融业、租赁商务业、农林牧渔、教育业等。其中,制造业、信息软件服务业和金融业是主力。

2014年5月全国股转系统交易支持平台平稳上线。挂牌股票的协议转让在新交易结算系统成功运行,做市转让功能于8月份上线,竞价方式今后也会推出,股转系统的交易将会趋于活跃,股东人数将会有较大的增长。

二、股转系统挂牌公司现金分红的重要性

据21世纪经济报道,截至2014年4月月底,700多家挂牌公司中已有600家披露了2013年年报,已发布年报的600家企业中,530家盈利,占比88.3%,亏损企业仅占11.7%。盈亏比接近9∶1。其中,150多家净利润超过1000万,其他370多

家净利润合计13亿，平均每家公司净利润300万左右。这些企业虽然利润规模不算高，但却呈现出良好的增长性，370多家企业中，净利润同比上涨的有235家，占比62.5%。

从年报看，大多数挂牌公司具备现金分红的条件——充足的未分配利润和足够的现金。虽然挂牌条件中没有列出盈利的规定，但主办券商要履行持续督导义务，而且由于各种交易方式特别是做市商方式的开通、交易的活跃，券商不论出于自身利益还是挂牌公司或投资人的利益，都会选择优秀的、有成长前景的公司推荐。总之，中小微企业虽然有较高的经营风险，但由于挂牌公司是从千千万万个企业中选出的优秀公司，多数公司应具备盈利能力和现金分红能力，但是股东能否获得满意的现金分红，取决于分红决策的制定。股东参与制定分红决策可能要考虑各种因素，但首先应有取得合理投资报酬的意识。应认识到现金分红的重要性。

挂牌公司为非上市公众公司，股权的交易远不如上市公司活跃，股东通过股份转让博取差价收益比较难。从目前股东构成来看，原始股东、董监高及参与股权激励的核心员工占比较高，机构投资者和具备资格的"大户"自然人会随着交易的活跃而增加，长期价值投资应是股转系统挂牌公司投资人的重要投资理念。投资价值的实现来自未来现金流入，除了不太容易实现的转让收入，主要就靠现金分红了。因此，现金分红对挂牌公司股东而言非常重要。

现金股利的发放虽然会减少公司的现金，但是却有助于减少因过度或低效投资而导致的资源浪费。如果投资等业务所需现金不足，公司可以通过资本市场从银行借款或发行股票、债券等募集，这会加强外部对公司的监督和约束，对管理层改善经营管理，提高公司的盈余水平也有促进作用。此外，公司支付现金股利的多少可以从一定程度上反映公司的经营绩效和盈利能力，进而影响公司的形象。

合理的现金分红，既要保护股东利益，又要兼顾公司的投资、发展和盈利，应有助于树立投资人的投资和持股信心。怎样制订现金分红决策？制订时需要考虑哪些因素？这是本文研究的重点。

三、影响挂牌公司现金分红决策的因素

在2013年11月证监会发布的《上市公司监管指引第3号——上市公司现金分

调查研究类

红》中规定，上市公司董事会应当综合考虑所处行业特点、发展阶段、自身经营模式、盈利水平以及是否有重大资金支出安排等因素，按照公司章程规定的程序，分情形提出差异化的现金分红政策。由于股转系统挂牌公司的现金分红指引还没有出台，为保护投资者权益及促进公司健康发展，挂牌公司可参照上市公司现金分红指引制定现金分红政策和决策。制定现金分红决策时应考虑的因素主要有：投资人的诉求、公司的盈利能力和现金流量，公司的筹资能力和偿债能力，公司的投资支出，同行业和本公司的分红水平，分红政策等。

（一）投资人的诉求

近几年，随着现金分红政策的陆续发布和不断完善，在证监会、证券交易所等部门的推动下，我国上市公司的现金分红水平稳步提升。从上证报发布的《沪市上市公司2012年度现金分红研究报告》看，2012年度现金分红比例超过30%的公司家数达到513家，现金分红比例超过50%的公司家数达到135家，若以上市公司2012年度现金分红金额和2012年12月31日的市值为基准计算，2012年末沪市整体的股息率达到了2.82%。从沪市公司公布的2013年度派现方案看，2013年沪市公司现金分红水平又有较大提升，合计拟分派现金红利总额6693亿元，比2012年5959亿元增加12.32%。2013年度派现比例在30%以上的公司共有537家，50%以上的公司共计127家。以2014年4月29日的收盘价计算，沪市上市公司股息率超过一年定期存款的收益率（3%）的公司达100家，股息率超过5%的公司达39家。股转系统已公布分红预案的多家挂牌公司派现水平也不错。例如，双杰电气（430049）2013年实现净利润6727.06万元，每股收益0.78元，公司提出了每10股派发现金股利2元、每10股转增2股的分红预案；均信担保（430558）2013年实现净利润3365.97万元，每股收益0.14元，公司所提出的分红预案为每10股派现1.06元；维珍创意（430305）2013实现净利润1333.7万元，每股收益为0.84元，公司提出的分红预案为每10股送红股9.5股转增0.5股派现1.95元。

在倡导现金分红的大环境下，投资人对公司现金分红的要求会逐渐增强。价值投资者判断公司投资价值时通常会将股息率与银行一年期定期存款利率做对比，因此公司可以把一年期定期存款利率作为投资者的基本要求来考虑。计算股息率时可以用期末在册股东的出资额之和或者股票市值去除派现数计算。由于挂牌公司多数是中小微企业，成长性较好，投资人以原始股东和机构投资者为主，他们人数少、投资比较理性，既追求稳健的投资回报，又关注公司的发展，所以有不少公司采用派现和送转结合的方式分红来满足投资人的要求。因为送转股份，只是改变了股东权益的结构并没有减少权益，不是真正意义的分红，本文还是主张挂牌公司在征求全体股东意见的基础上优先选择现金分红。

随着机构投资者持股比例的增加，他们对分红的诉求将会显著影响挂牌公司现金股利的发放水平。通常，机构投资者比较喜欢持有发放现金股利的股票，并且派现水平越高，机构投资者的持股比例往往也越高。可以说，挂牌公司现金股利的发放情况是机构投资者选持该股的重要参考标准之一。

（二）公司的盈利能力和现金流量

挂牌公司的盈利水平是衡量其经营业绩的重要指标之一，盈利能力越强，就有越多的利润可供分配。因此，盈利是公司发放现金股利的基础。一个公司的盈利越多，越稳定，其发放现金股利的可能性和股利支付水平也会越高。判断公司盈利能力时要考虑公司所处的发展阶段及宏观经济环境状况，进而参考上市公司现金分红指引中的标准，确定现金分红占净利润的比例。

如果挂牌公司是企业集团的母公司，在确定利润分配政策时，虽然从《公司法》角度来看，母公司法定利润分配基础应该是母公司财务报表上反映的可供分配利润，但从经济实质角度而言，因为子公司实质上处于母公司的控制之下，仅以母公司财务报表上可供分配利润为基础并没有充分反映母公司的实际分配能力，在不超过母公司可供分配利润总额的前提下，应充分考虑合并利润表中归属于母公司股东的净利润。

由于损益是按照权责发生制确认的，现金的收付与收入费用的确认在时间上可能存在差异，而现金股利的发放是真金白银的流出，现金流充足的公司可以发放较多的现金股利。挂牌公司可支配的自由现金流量（经营活动产生的现金流量净额与投资活动耗用的现金流量之差）是其分红现金的重要来源，分红占比可参考沪市上市公司近几年的情况（见表1）确定。2012年度沪市上市公司经营活动产生的现金流量净额与投资活动耗用的现金流量分别为39913亿元和34863亿元，二者之差形成的上市公司可支配的自由现金流量为5049亿元。派现金额占上市公司可支配的自由现金流量的比重为118.02%。

表1 2010~2012年沪市分江情况

年度	派现总金额（亿元）	派现额占净利润的比例	派现额占自由现金流量的比例
2012	5959	35.16%	118.02%
2011	5156	31.40%	40.60%
2010	4311	30.50%	104.40%

（三）公司的筹资能力和偿债能力

挂牌公司的筹资能力和偿债能力会影响其现金流，从而影响现金分红决策。

实力强大、较为成熟的大公司通常具有较强的筹资能力，可以选择支付较多的现金股利。而对于那些成立不久或正处于快速发展阶段的公司来说，筹集资金较困难，通常会减少现金股利的发放，这样可以多留存一些，用于公司未来的发展。

负债比率高的公司，通常会面临较大的偿债压力，公司发放现金股利，会降低公司的偿债能力，加大公司偿债风险。因此债权人为保护自身利益，在与公司签订契约时，通常会在公司债券契约、借款合同等合约中加入有关现金股利政策的条款，以限制公司现金股利的发放。这种情况下，公司会少发放现金股利，甚至不发放现金股利。

在资本市场成熟有效时，融资环境相对宽松，公司可以多发现金股利；如果资本市场的效率低下，融资环境较差，可供选择的融资渠道较少，公司通常会少发或者不发现金股利以增加留存收益。

全国中小企业股份转让系统有限责任公司自成立以来，不断创新融资方式，为中小微企业提供小额、快速、按需设计的综合金融服务。挂牌公司可以通过发行股票直接融资，也可以通过与股转系统开展战略合作的商业银行间接融资。据证券时报网统计，截至2014年6月16日，"新三板"定增额逾48亿元，除去九鼎投资融资额超过35亿元，其余57家企业平均融资额2320万元。股转系统为挂牌公司提供了一个较好的融资平台，随着融资环境的不断改善，挂牌公司可以通过融资缓解资金压力，不必克扣现金分红。

(四) 公司的投资支出

如果公司准备在未来几年进行大规模的投资或者在公司未来的营运中需要大量的现金支出，那么公司的现金分红将受到很大的影响。一般情况下，当公司在未来或者现在有较好的投资机会和项目时，往往更倾向于低股利发放、高留存收益的股利政策，以便将大部分收益用于再投资；如果公司缺乏较好的投资机会，则往往会选择将较多的收益作为股利发放给投资者。

(五) 同行业和本公司的分红水平

股利政策有明显的行业模式。在成熟行业中公司倾向于将大部分盈利发放现金股利，这是由于其成长潜力小，对资金需求弱，利润也相对稳定。此时将现金股利分给股东，股东可以将其投入到其他方面，使资金不在企业内闲置。其典型行业是社会服务业、水电煤油气行业、农林牧渔业、批发零售贸易、运输、仓储业和制造业。与此相反的行业是那些成长快的新兴行业。这主要是因为这些行业发展快、对资金需求高、发展潜力大，这些行业的利润也相对较高，股东倾向于将资金留在企业内以创造更多利润。其典型行业是信息技术产业、文化传媒产业等。挂牌公司制定分红决策时，应参考同行业挂牌及上市公司的分红水平，不宜定得太低。虽然多数挂牌公司是创新、创业型中小微企业，成长性较好，能盈利，而且利润增长的比率较高，也有些公司由于规模小、业务单一，抵御风险的能力较差，当行业不景气等情况发生时，可能会亏损，从扩张投资及防御风险的角度看，留存一定的盈利是必要的，但是应给投资者基本的现金分红，以满足投资者的要求。

另外，为保持分红的连续性和稳定性，与投资人的分红预期相一致，制定分红决策时，应考虑公司往年的分红水平。

(六) 分红政策

根据《非上市公众公司监管指引第3号——章程必备条款》的规定，挂牌公司的章程中应当载明公司的利润分配制度，可以就现金分红的具体条件和比例、未分配利润的使用原则等政策作出具体规定。在证监会出台挂牌公司分红政策之前，挂牌公司可以参考上市公司的指引制定现金分红政策和规划，作为制定分红决策方案的依据。如北京合纵科技股份有限公司（430018）的利润分配政策规定：公司每年以现金股利方式分配的股利应当不少于公司当年实现的可分配利润的20%。

2013年1月发布的《上海证券交易所上市公司现金分红指引》提供了固定金额政策、固定比率政策、超额股利政策、剩余股利政策四种备选分红政策。而综合了上述几种股利政策的低水平股利加额外股利政策，由于灵活性高、弹性大，被广泛采用，挂牌公司可以参考。

现金分红作为回报投资者的重要方式，在成熟市场中往往占据主导地位。挂牌公司应依照《公司法》《证券法》和公司章程的规定规范和完善利润分配的内部决策程序和机制，强化现金分红政策的合理性、稳定性和透明度。

四、挂牌公司现金分红的决策程序及方案制定

（一）挂牌公司现金分红的决策程序

挂牌公司虽然是公众公司，但相对于上市公司而言，股东人数较少，制定分红方案可征求每位股东的意见，逐步树立回报股东的责任感，逐步建立符合自身发展规律的中长期现金股利分配规划。

考虑到主办券商的在股转系统的作用，挂牌公司可参考下述程序制定现金分红决策。首先，挂牌公司的董事会应当综合考虑上文列述的各种影响因素拟定分红方案；其次，独立董事和主办券商指定的负责人就分红方案与每位股东特别是中小股东沟通，充分听取他们的意见，提出修改建议；最后，由全体股东参与的股东大会审议通过。

为什么要强调主办券商的作用呢？因为主办券商有条件联系投资人，投资人购买挂牌公司股票需要在主办券商开户。主办券商是挂牌公司的推荐单位，是投资人转让挂牌公司股票的中间人，采用做市商交易方式的做市商之一，对挂牌公司有持续督导义务，非常熟悉挂牌公司，对其投资价值的认识更专业。这项工作也许可以利用主办券商在股转系统的网络平台开展。

此外，由于机构投资者是股转系统的重要参与者，挂牌公司董事会制定现金分红方案时可邀请其机构投资者派人参加。

（二）挂牌公司现金分红决策方案的制定

由于挂牌公司在股转系统可通过发行股票、债券等进行融资，随着融资的便利和融资成本的降低，对当期利润的分配不必留够用的再考虑分不分和分多少的问题，像支付利息给债权人一样，支付现金股利给股权投资者应当成为常态。

挂牌公司在制定现金分红具体方案时，应在综合分析公司实际经营发展情况、股东需求和意愿、社会资金成本、外部融资环境等因素的基础上，充分考虑公司目前及未来盈利规模、现金流量状况、发展所处阶段、项目投资资金需求、银行信贷及债权融资环境等因素，依据公司的分红政策和规划，确定现金分红总额。

制定现金分红方案的参考思路如下：以一年期定期存款利率为股息率乘以年末市值或股东出资额，算出的结果作为最低分红额的参考值。以公司净利润的增长率为依据，根据公司和同行业过去两年分红占净利润的比例，按照公司的分红政策和规划初步确定本年度分红比例和分红总额。以分红年度期末现金余额减去未来十二个月重大投资计划或重大现金支出的资金需求量后的余额为限，参照公司的分红年度自由现金流量和股东的要求调整确定分红总额。

分红方案经股东大会批准后应及时执行，使回报投资人的承诺落到实处。

参考文献

[1] 张俭. 中国上市公司现金分红二十年[J]. 财会月刊，2013(4).

[2] 张海报. 上市公司长期高额现金分红因素分析[J]. 财会通讯，2013(4).

[3] 詹细明. 上市公司分红问题研究[J]. 开发研究，2012(6).

点评：

三位学生经过一年四个月的探索和研究，研究达到了预期的效果。

1. 学生基本掌握了查阅相关资料的途径。

2. 学生能根据研究目标，独立写出框架结构。

3. 对现金分红影响因素的理解比较全面但量化技术需提高。

石广才

企业所得税汇算清缴常见涉税问题及检查要点

学生姓名：焦丹丹
指导老师：孙雪梅

摘　要：企业所得税是各税种中涉及知识点最多、与会计联系最紧密的一个税种，在每年5月31日汇算清缴时总是会出现这样或那样的问题，本文将企业所得税汇算清缴过程中的常见问题及税务机关进行纳税检查时的检查要点进行概括总结，以期对企业所得税汇算清缴工作有所裨益。

关键词：企业所得税　纳税调整　案例分析

一、常见涉税问题

（一）收入核算不实

收入核算不实主要表现在收入计量不准确、隐匿实现的收入；实现收入不及时入账；视同销售未作纳税调整；取得收入长期挂账，不按规定结转收入；事业单位、非营利组织从事生产经营的收入未按规定缴纳企业所得税。

（二）成本核算不实

成本核算不实主要表现在利用虚开发票或人工费等虚增成本；资本性支出一次计入成本；将基建、福利等部门耗用的料、工、费直接计入生产成本等以及对外投资发出的货物，直接计入成本、费用；擅自改变成本计价方法，调节利润；收入和成本、费用不配比；原材料计量、收入、发出和结存不正确；成本分配不正确；人工费用核算不准确；销货退回只冲减销售收入，不冲减销售成本；虚计销售数量，多转销售成本；为本企业基建、福利部门及赠送、对外投资发出的货物计入销售成本。

（三）多列费用

多列费用主要表现在未取得合法扣除凭证，费用界限划分不清。如公司费用与股东个人消费混杂在一起不能划分清楚、资本性支出与费用性支出混淆、一项支出在成本和费用中重复列支；超标准列支业务招待费、广告费和业务宣传费，不做纳税调整；发生的运输及装卸费不真实；从非金融机构借款利息超过按金融机构同期同类贷款利率计算的数额，未进行纳税调整；非银行企业内营业机构之间支付的利息税前扣除。

（四）多扣税金

多扣税金主要表现在将补缴以前年度的税金直接税前扣除；将企业所得税和应由个人负担的个人所得税进行了税前扣除。

（五）财产损失常见问题

虚列财产损失；已作损失处理的财产，又部分或全部收回的，未作纳税调整。

（六）资产处理方面的问题

对应计入固定资产的支出未予资本化；计提折旧范围不准确，如对虽挂在企业名下但实际为股东个人的房产也计提折旧；固定资产处置所得未并入应纳税所得额；按低于税法规定的折旧年限计提折旧；井下固定资产既计提维简费又计提折旧，税前重复扣除。

（七）滥用税收优惠，或申报的减免税不符合政策要求

如不符合优惠条件的企业套用税收优惠；对实行报批管理的税收优惠政策不进行报批，自行享受优惠政策；减免税项目未分别核算，扩大减免范围；专用设备不符合目录的规定；虚报新产品、新技术开发费用或残疾人工资，或者提供的资料不全，多进行加计扣除；不符合条件的企业自行按小型微利企业计算企业所得税。

二、检查要点

（1）收入的检查主要关注"主营业务收入""其他业务收入""营业外收入"以及相关的支出和往来账户。

检查时，首先应从总体结构上看企业有无遗漏收入核算或在账面上人为地削减收入，以及错误核算应税收入等情况。然后重点审查"主营业务收入"账户，要重点审查企业实现的产品（商品）销售收入是否全部入账，是否正确按权责发生制，对应结算的业务都结清销售收入，有无多销少记或销售不记，设两套账的现象；同时，还要审查企业有无兼营项目收入和附营产品收入，如修理厂兼营零部件和配件销售收入，工业企业销售废品、残次品、附属产品、原材料、边角料、包装物、技术劳务、运输配送、设点零售等项目收入。如果有上述收入，企业是否将之全部入账核算，有无账外私设"小金库"或直接冲减有关费用、成本现象，已入账的收益是否都按期结转利润等情况。对往来账户中长期挂账和长期投资中无收益的大额资金等进行追踪检查，确需必要时，履行必要的手续后，可以检查主要经营管理人员存款账户及办理相关的银行卡等，查清资金的真实去向，落实资金的实际用途，核实有无账外经营问题。对取得的劳务收入，可结合劳务合同等，检查相关账户，核实企业是否全额结转了当期收入。对租金收入进行检查时，应对照企业的房产、土地、机器设备等所有权属证明，通过实地查看，核查企业各种财产的实际使用情况，核实是否存在出租出借未计收入情况。特别要关注相关收入账户中有无冲减收入的情况，并看清对方科目，确定企业是否存在用收入冲减费用或转移收入的情况。最后要检查企业往来类、资本类等账户，对长期挂账不作处理的账项进行重点核实，检查是否存在收入记往来账，不及时确认收入的情况。注意在检查收入时，不要仅就账簿和凭证上记载的经济业务来判断是否属于收入，而要多问、多查、多看，以确定可疑经济业务的真实性质，从而找到突破口。

（2）成本费用的检查主要关注"主营业务成本""其他业务成本""营业外支出""销售费用""管理费用""财务费用"以及其他相关的账户。

要特别关注纳税人申报的扣除项目是否真实、合法；税前扣除的确认是否遵循了权责发生制原则、配比原则、相关性原则、确定性原则和合理性原则等；同时，还应注意企业在纳税年度内是否存在补扣以前年度应计未计扣除项目，如各类应计未计费用、应提未提折旧等，是否依法对财务会计处理与税法规定不一致的内容进行调整，调整的方法和结果是否正确等。特别对大额支出要核对原始凭证，看其是否与生产经营有关，凭证是否合法有效。具体可结合扣除项目的具体规定进行检查。

（3）资产处理的检查主要关注"固定资产""累计折旧""固定资产清理""研发支出""无形资产""累计摊销""生物性资产""长期待摊费用""营业外收入"及相关支出等对应账户。

（4）税收优惠的检查，应对照税收优惠的各项规定，核实企业是否属于优惠政策的范围，减免税项目特别是免税收入是否进行了备案或审批，并根据黑地税发[2009]72号文件的规定，看其是否履行了相关手续，对未履行备案或审批手续的，不应按减免税计算。

三、案例分析

某乳业有限公司于2009年成立的企业，注册资本4120万元人民币。2011年初，该企业通过股权转让变更为外资企业。主要经营各种奶及奶制品的开发与销售。该企业自开业以来，一直未进入获利年度。2010年度所得税汇算清缴申报，企业自行申报亏损794108.10元，经过审核评估，将该企业2010年度利润（亏损）额调整为盈利463329.61元，确定获利年度。根据2011年度企业所得税汇算清缴的工作安排，于2012年6月对该企业2008年度所得税申报纳税情况进行了稽查。

首先，通过征管软件对该企业申报的2008年度数据进行了案头分析，并参照中介机构出具的年度审计报告掌握了企业的基本情况。然后，对企业报送的备案资料进行了审核。通过案头数据资料分析发现，企业2008年销售毛利率、销售成本利润率指标与2010年相比基本持平，但是企业的成本费用利润率却较去年变化较大。2010年成本费用率为1.65%，2011年成本费用率为-1.26%。企业申报资料显示，2011年"管理用费"中列支的广告费较上年有所增加，另外新增了审计费与咨询费的支出。

于是检查人员初步判断：检查的重点应放在税前列支的企业期间费用中的管理费用——审计咨询费，营业费用——工资、广告费，其他费用支出。随后，调阅企业2011年度的账簿资料，经过检查，除广告费未发现问题外，共发现下列问题。

（1）2011年度职工工资、福利费的申报税前列支职工工资的金额均38462562.64元。抽查企业"应付职工薪酬"科目数额较大的几个月的工资发放表，发现工资表上列明发放工资的人数多于备案人数。企业承认，将未签订用工合同的，本地区以外的部分地区销售代理的提成作为工资28145241.45元进行税前扣除。

(2) 在检查企业的"营业外支出"时，发现企业将管理不善导致霉变的奶粉803767.90元做财产损失处理，未经过税务机关审批。

(3) 直接向受益人进行赞助，支出900000.00元记入营业费用在税前扣除。

(4) 在检查"管理费用"科目时，发现该企业将法人代表个人名下的一处房屋，计提了折旧，并在税前进行列支，税前列支金额714328.80元。

(5) 企业境外投资方2011年度在国外上市，而企业支出了其投资方上市的审计费、咨询费等其他与其应税收入无关的费用5843632.12元，记入"管理费用"进行了税前扣除。

(6) 在检查其他项目时，发现企业计提的固定资产减值准备264822.00元，在税前扣除。

(7) 检查企业营业外收支时，发现企业2008年度共支出各行政部门的罚款、税收滞纳金13700.00元，进行了税前扣除。

处理情况如下。

(1) 根据国税发（2009）3号文规定，对检查中发现的第1项问题，应调增应纳税所得额28145241.45元。

(2) 根据《企业资产损失税前扣除管理办法》（国家税务总局2011年第25号）第五条规定，"企业发生的资产损失，应按规定的程序和要求向主管税务机关申报后方能在税前扣除。未经申报的损失，不得在税前扣除。"对检查中发现的第2项问题，应调增应纳税所得额803767.90元。

(3) 根据《企业所得税法》第十条的规定，对检查中发现的第3、4、5、6项问题，应调增应纳税所得额7736482.92元。

上述总计调增应纳税所得额366859492.27元，应补缴企业所得税9171373.07元，并根据《征管法》的相关规定进行处罚。

点评：

该论文实践性很强，企业所得税清查每年都是企业工作的重中之重，大学生科研以此为切入点，将所学理论应用于实践解决实际问题，这是该文的亮点。

选题不适合没有丰富实践经验的大学生。

孙雪梅　赵秀池

大学生手机依赖症的成因及对策建议

学生姓名：李泽茵　杨小蒂
指导老师：杜聪慧

摘　要：近年来，大学生对手机的依赖程度逐年攀升，研究显示我国大学生手机依赖率为17.0%~26.1%，一些大学生患上了被心理专家定义为"手机依赖症"的心理疾病。手机依赖症是指个体因为使用手机行为失控，导致其生理、心理和社会功能明显受损的痴迷状态，并且已经影响到身心健康和学习生活，亟需研究解决对策。

关键词：大学生　手机依赖症　成因　对策建议

信息化时代，手机凭借其小巧、便携、无线移动等特点和不断完善的上网、阅读、音乐、游戏等功能，成为大学生日常生活中至关重要的通讯和娱乐工具。近年来，大学生对手机的依赖程度逐年攀升，研究显示我国大学生手机依赖率为17.0%~26.1%，一些大学生患上了被心理专家定义为"手机依赖症"的心理疾病，并且已经影响到身心健康和学习生活，亟需研究解决对策。

我们的研究方法是在对高校在校生进行访谈和实地考察的基础上，设计调查问卷，在问卷星网上进行在线问卷调查和线下问卷调查，主要了解学生持有手机的品牌、价格、更换新品的次数以及用于什么目的等情况。同时我们在北京随机抽取几所高校，在高校中随机发放问卷，来了解手机在学习生活中的用途、对大学生的影响，收集学生使用手机和电脑的情况等，希望通过研究使更多的大学生对高端手机有正确的认识，树立正确的价值观，真正发挥手机对学习研究上的积极作用。

一、大学生中手机依赖症现状

手机和电脑已经成为大学生的生活不可缺少的一部分,通过调查,我们得到了以下数据:问卷调查对象年龄在18~24岁之间,男性370人,女性585人,手机拥有率98.95%,近一半的受调查者是在进入大学后开始使用手机的。57.59%的受调者认为手机作用非常大、离不开,71.2%的受调者认为手机最大的引力是方便与他人沟通。在上课时收到信息33.51%的人会拿出来看,46.07%的人会视情况而定。被问及是否会玩手机玩到手指发麻时,6.81%的人表示经常会,27.75%表示偶尔会。被问及是否手机没带在身上会出现缺乏安全感、焦虑暴躁时,47.12%的人表示会。47.07%的受调者表示自己只能记住十个以下手机号,60.27%表示会发短信时可以侃侃而谈,面对面却无话可说。问卷中最低得分14,平均得分31.8,得分大于等于39被认为有明显的手机依赖,超出平均分的有819人,出现手机依赖症的人占到了总数的85.76%,手机依赖症在大学生中已经变成了一种普遍现象。

二、大学生手机依赖症成因

(一) 内在成因

(1) 大学生因为终于结束长期高压的高考,对许多大学生来说是第一次可以自由安排时间,于是出现自控能力差,手机情结严重的情况。大学相对来说比较自由。自控能力差的大学生容易被新鲜事物吸引且成瘾。

(2) 对信息的渴求。当今社会信息大爆炸,迎面而来的巨大信息量,让人应接不暇。而大学生是信息的主要受众。大学生更喜欢采取简单快捷的方式来随时随地获取信息,手机则提供了这样的便利。

(3) 追求时尚。随着科学技术的发展,手机已经由原来简单的通讯工具转变为现在彰显个性、体现时尚的"神器"。更多的大学生追求功能更全、外形更时尚、系统更新更快的高端手机,而这些手机在满足大学生虚荣心的同时,也导致了更严重的手机依赖甚至还滋生了大学生的攀比心理。

(4) 满足强烈的交往欲望。手机是一种重要的人际交往工具。不少大学生因为种种原因不喜欢现实生活的交往,而倾向于虚拟世界的交往。人与人之间的交流沟通，更依赖于短信、电话。大学生是人际交往的活跃分子。于是手机成为了大学生的贴身之物。

(二) 外部因素

（1）社会因素：一是高速运转的社会节奏及当今高速发展的社会文化，使手机的使用越来越广泛。手机作为当代社会的产物，在给大家带来方便的同时，也容易产生过度依赖的负面效应；二是关注不够。手机依赖的现象太普遍，以至于大家都认为理所当然，没有引起足够的重视。

（2）家庭因素：大学生的教育，不仅依靠学校还要依靠家庭。家庭在大学生的成长过程中的作用举足轻重。但是，由于大学生一般远离家乡，在外地求学，与家人沟通相对减少。像"手机依赖"的此类问题，不会引起家长足够重视。这也是"手机依赖"滋生的温床。

（3）高校因素：高校应及时引导学生合理正确的使用手机，应采取积极有效的措施建立良好的校园文化。高校还应加强教育教学的管理，如课堂上玩手机、接电话、发短信的情况，学校应出台行之有效的措施来减少此类情况。

(三) 心理、生理的因素

（1）从众心理的影响。从众心理是指个人在受到他人或社会群体的一致性影响或压力时，自己的认知或行为遵从于公众舆论或群体大多数人，甚至违背自己意愿"随大流"。大学生生活在校园中，朝夕相处，群体内部具有足够的同一性和吸引力，再加上大学生年龄段的特点，个体独立性较差、自制力弱，对群体有较强的依赖性和归属感。因此，在高等院校，大学生的从众现象比较普遍。

（2）心理诉求的需要。一方面，使用手机满足当代大学生的社交需求。在现代社会，大学生通过手机通话、发送短信，随时随地与社会网络中的其他人取得联系，获取社会资本，满足社交需求；另一方面，借助手机丰富的附加功能，满足当代大学生获取信息的需求。手机不仅拥有通话和发送短信的基本功能，还包含手机上网、音乐、游戏、电子字典等功能。处在黄金学习阶段的大学生，充满了对知识和信息的渴求，手机丰富强大的功能、满载的信息、方便快捷地传递，无不吸引着大学生的使用。

（3）人格特质的差异。根据艾森克人格理论，胆汁质类型的人，脾气急躁、情绪冲动、难以控制。因此，胆汁质的大学生有许多朋友，需要与人交谈，所以经常使用手机，将自己知道和发生的事情与同学分享。他们还经常关注别人的信息，如果手机不在身边或一段时间没留意手机，便会觉得不安。

（4）不良情绪的排遣。大学生处于人生的"第二次断乳期"，缺乏生活的磨砺，心理尚不成熟，性格比较脆弱，情绪波动性也很大。此外，现代社会竞争激烈，部分大学生学习压力大，产生厌学情绪或无聊感后，需要通过手机短信和上网来排遣，一旦手机没电或来电频率突然降低就会出现情绪波动，如焦虑、烦躁、抑郁等症状。

三、对策及建议

（1）建立良好的群体氛围，培养学生独立的个性。学校应重视手机依赖症的危害，通过开展相关讲座、宣传等活动，倡导积极向上、健康文明的手机使用观，引导学生正确、健康地使用手机。要激发和培养学生的自信心和责任心，对于盲目依赖手机、荒废学业的现象，要积极引导和抵制。

（2）构建和谐校园文化，丰富学生的课余生活。学校应开展丰富多彩的校园文化活动，营造健康、有序的和谐校园环境。一方面，学校多组织学生感兴趣的文体活动，不仅可以充分调动学生的积极性，促进学生个性发展，还可以满足学生社会交往的需要，形成良好的人际关系和团队合作精神；另一方面鼓励提倡大学生多读书、读好书，营造积极向上的校园文化氛围，让过分依赖手机的学生参与其中，潜移默化地接受教育和影响，从而在活动中重建自己的社会交往圈，消除孤独感和失落感，摆脱对手机的依赖。

（3）加强人文关怀和心理疏导，调控学生的不良情绪。高校老师们应把握大学生心理尚不成熟，情绪波动性大的特点，加强人文关怀和心理疏导，让大学生的不良情绪得到合理宣泄。合理宣泄是保持心态平衡的重要方法之一。

（4）解决大学生的手机依赖问题，不仅需要学校、教师的努力，更需要大学生自身积极配合。首先，大学生要充分调动主观能动性，正视手机在生活中的正确位置，摆脱盲目依赖，保持健康心理；其次，合理制定手机使用规范，除了日常必不可少的使用外，尽量减少不必要的使用，用坚强的意志去抵制手机带来的诱惑。

（5）家庭要与社会、高校紧密配合。关注学生的成长健康，为学生成长提供良好的家庭环境。家长首先要树立正确的观念，意识到"手机依赖症"的危害，不要骄纵孩子的不良习惯，要及时的进行教育和引导，密切关注孩子的心理动态，与学校、社会一起，共同为学生成长和发展构建良好的环境。

综上所述，手机依赖症给大学生的身心健康和学习生活造成了很大危害。因此，学校、教师、家长以及学生自身要形成合力，通过建立良好的群体氛围、构建和谐校园文化、加强人文关怀和心理疏导、大学生自我教育的途径，使大学生克服手机依赖心理，养成良好的意志品质，从而实现身心健康发展。

四、应用价值及社会效益

在实地观察中我们还发现不少20岁出头的大学生还有以下特征。

（1）"办公臀"。常坐宿舍、教室许多大学生的屁股越做越大，大腿越坐越粗，习惯久坐的人臀部脂肪堆积速度比一般人快两倍，办公臀不仅影响美观，还容易患肥胖症、代谢综合征、心脑血管疾病等。对此建议大学生多爬楼梯，一步迈两层台阶，能提臀。可在宿舍做后踢腿运动，用膝盖和前臂支撑身体将左右腿交替伸直后尽量抬高。

（2）"触屏指"。过度使用触屏可能导致腱鞘炎。指尖长时间用力可能造成受力区域软骨磨损，甚至出现局部骨刺。对此建议大学生多活动手指，左右手交替使用，以防一侧手指多度劳累。

（3）"鼠标手"。数据显示，每百名大学生中就有1~5人患有腕管综合症。使用鼠标会导致腕关节背屈接近最大角度，让肌腱处于高张力状态，久而久之会造成韧带增生，出现刺痛、麻痹、无力等症状。对此建议大学生使用鼠标时手臂不要悬空，用高一点厚一点的鼠标垫，以减轻手腕压力。多运动，锻炼手部关节，手握圆棍状物品做下旋运动等。

（4）"电脑颈"。有调查表明每天使用电脑超过4小时者，81.6%的人脊柱出现不同程度的侧弯。对着电脑颈部长时间不活动，会使颈椎生理曲度改变，刺激椎管内神经或血管，更易发展成颈椎病。对此建议大学生操作电脑时保持良好坐姿，时不时起身运动腰部颈部，可佩戴运动手表或者在手机上安装运动APP，每天提醒自己多走走多运动。

（5）"耳机聋"。大学生经常习惯戴耳机，无论在地铁里还是在宿舍，甚至在课上也戴着耳机，研究表明，只要在90分贝的环境下待超过4小时听力就会受损。戴耳机时，声音直接刺激耳膜及毛细胞，导致感受声音的能力下降，甚至产生耳鸣或耳聋。

手机依赖这个现象随着手机的普及越来越受到关注，国内外也有一些学者对这个现象做了研究，但对于在校大学生的手机依赖状况研究很少。由于时间和人力物力有限，我们调查样本数量还不足够多，数据的分析上抑或有不完善之处，我们会在日后不断完善。通过对近千份问卷的分析研究，我们认为手机依赖现象在高校中已是一个普遍存在的问题，并将随着手机使用的频繁、功能的丰富引发更多的问题，学校和社会都必须正视这一现象，并制定相应的管理措施，希望调查结果能够为大学生树立正确的手机价值观产生良好地推动作用。

参考文献

[1] 邹云飞，邹云青，姚应水.某高校大学生手机使用与手机依赖症的横断面调查[J].皖南医学院学报.2011(1).

[2] 黄时华，余丹.广州大学生手机使用与依赖的现状调查[J].卫生软科学.2010(3).

[3] 师建国.手机依赖综合症[J].临床精神医学杂志.2009(2).

[4] 王纯.关注手机依赖综合征[N].健康时报，2005-1-27.

[5] 黄靖茵，刘江美，胡燕红，张珊，陈瑜.广东省大学生手机短信使用情况及其与气质类型的关系[J].中国学校卫生.2010(5).

[7] 秦曙.大学生手机短信使用与个性特征的相关研究[J].保健医学研究与实践.2009(2).

[8] 徐成芳，顾林.大学生手机依赖症的心理原因及防治对策.学理论，2011(32).

[9] 刘荣星.大学生患上手机依赖症.记者观察（上半月），2010(12).

[10] 张红萍.手机依赖症怎样缓解.人人健康，2011(21).

点评：

　　李泽茵和杨小蒂同学的《大学生手机依赖症的成因及对策建议》一文是基于了解当前大学生的手机使用情况及使用功能而开展调查研究的，渴望更多的大学生对手机的使用有个正确的认识，并希望发挥手机在学习上的积极作用。作者通过自己设计调查问卷，在北京的一些高校进行预调查并推广至全国乃至海外高校进行调查，在对调查问卷统计分析的基础上，从不同的角度，不同的层面剖析了手机的使用频率，手机依赖症的成因并提出了较为实际的措施来改善手机的病态使用状况，无疑对大学生有一个使用手机的正确价值观产生影响。论文结构合理，采用了定性加定量的分析进行论证，语句通顺，条理分明。

　　　　　　　　　　　　　　　　　　　　　　　　　　　　　　　　　　杜聪慧

大学生课余时间安排调查及研究

学生姓名： 鱼亚卓　张婷婷　李　娜
指导老师： 俞爱群

摘　要： 随着大学生独立意识的增强，自由支配的课余时间也逐渐增多，大学生对课余生活的时间安排与利用方面呈现了多样化的趋势，同时课余生活质量也不断随之下降，严重影响了大学生的学习。因此，增强大学生对课余时间的认识，提高大学生课余生活的质量尤为重要。本文通过对大学生课余时间安排的调查，发现问题并提出相应对策。

关键词： 大学生　课余时间　利用率　合理

目前大学生自由支配的课余时间逐渐增多，大学生对课余生活的时间安排与利用方面呈现了多样化的趋势，本研究通过问卷调查，通过对北京工商大学嘉华学院大一、大二、大三的在校学生做随机问卷调查，力图分析大学生对课余时间的利用和安排是否合理。总共发出问卷200张，经过数据统计及质量检测，共收回有效问卷180张，有效问卷的收回率是90%。

一、调查问卷统计分析报告

（一）通常课余时间你都在干什么

随着年级的上升，大学生课余对于上网时间的安排在持续上升，参加社团活动的同学越来越少。同时，学习时间的安排在大二时期达到最高。由此可见，在大学生课余时间的安排中，网络占较大的比重，尤其到了大三，越来越多的同学拥有了电脑，还有极少的学生课余时间无所事事或谈恋爱，以大一较为突出，可见部分大一新生对于生活安排是比较迷茫的(如图1所示)。

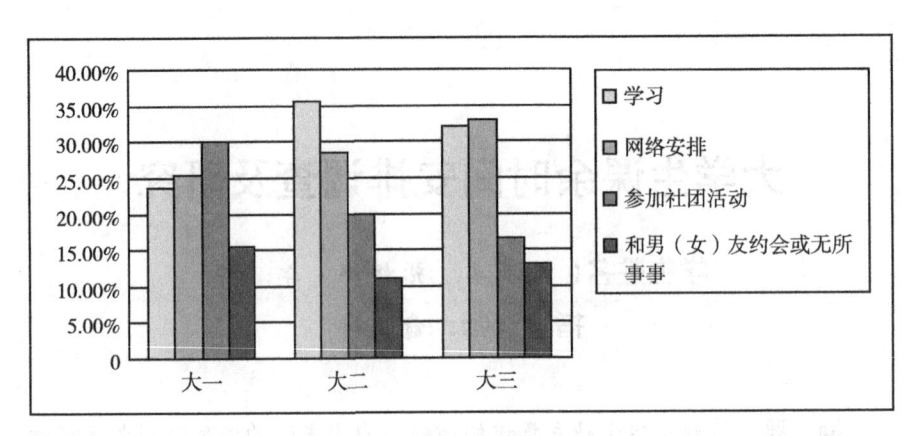

图1 大学生课余时间安排内容

(二)对于课余时间安排倾向于什么方面

大一到大三,没有特别规律的变化,在对于课余时间安排的倾向问题,有不少人倾向于学习,尤其在大二最突出。随着年级的增加,越来越多的人安排课余时间比较倾向于增加社会经验并且锻炼自己的能力(如图2所示),这一点可以说明,随着年级的上升,大学生对自己人生观和价值观的态度有所改变。

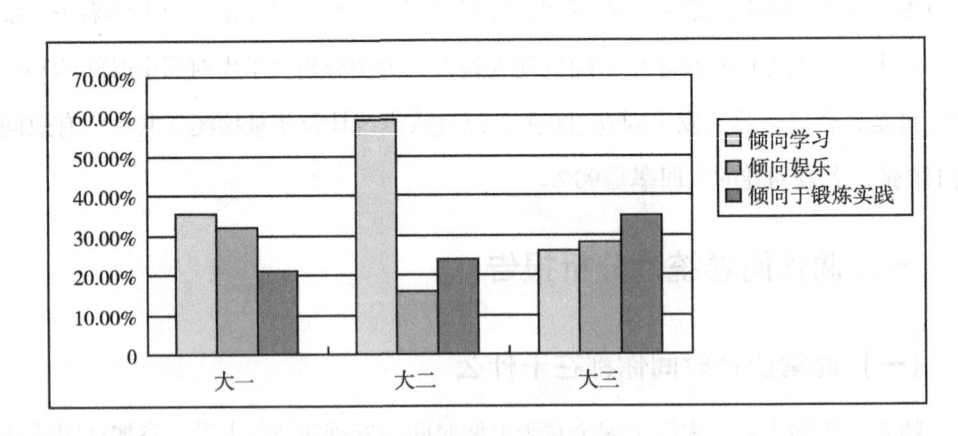

图2 课余时间安排倾向

(三)对于课余时间安排的态度

对于整体分析,制定计划并且实行的人并不多,虽然从图3上看上去是呈上升趋势的。对于有计划的人，坚持下来的人也不多，可见对于自我安排的计划，坚持下来是需要一定的耐心和毅力，无论是学习安排还是生活安排。

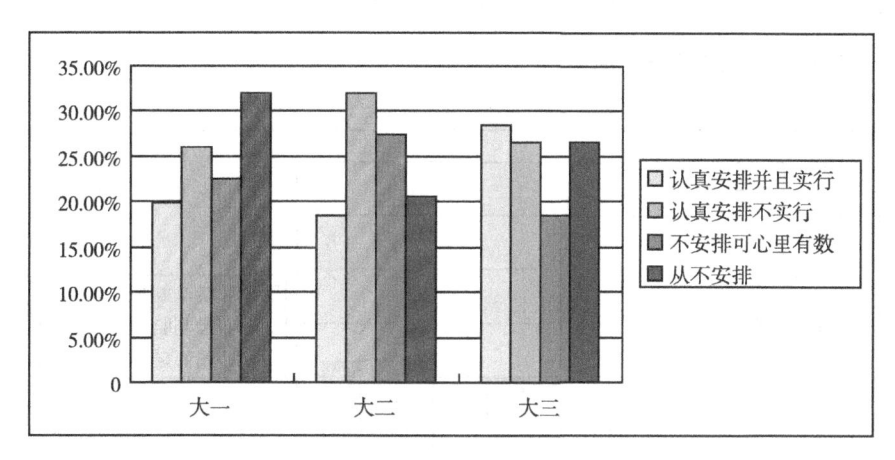

图3　课余时间安排态度

（四）课余时间安排的满意程度

对于课余时间的安排，大多数学生都是基本满意，不满意的人数也越来越少，看出随着年龄的增加，大学生慢慢地在摆脱一种迷茫的生活，对课余时间的安排也越来越丰富（如图4所示）。这种现象是自我追求上升的表现，是大学生进步的标志之一。

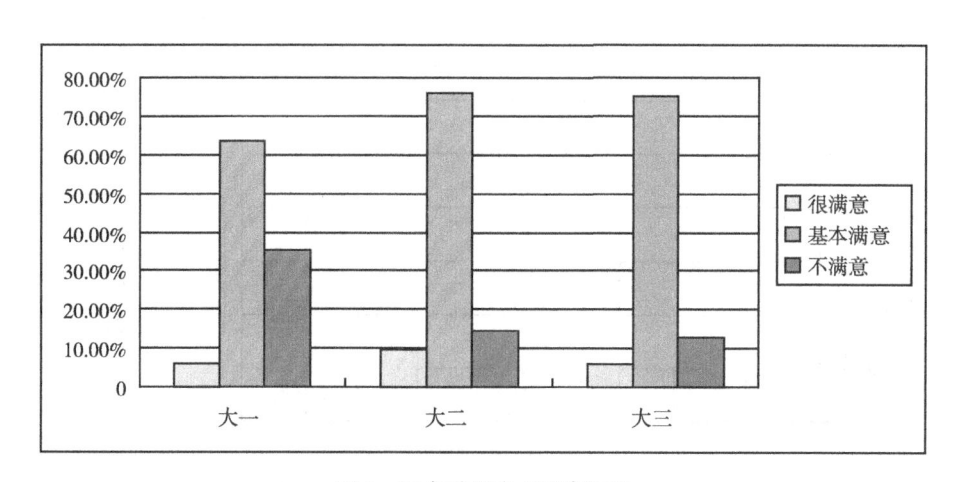

图4　课余时间安排满意程度

（五）课余时间安排受什么因素影响

很多人对于课余时间安排还是受到学校课程和社团活动的因素影响。同时自我控制力不强也是一大主要问题。大一到大三，随着心智的成熟，这类因素也在减少，大学生的抵制力也在增强（如图5所示）。

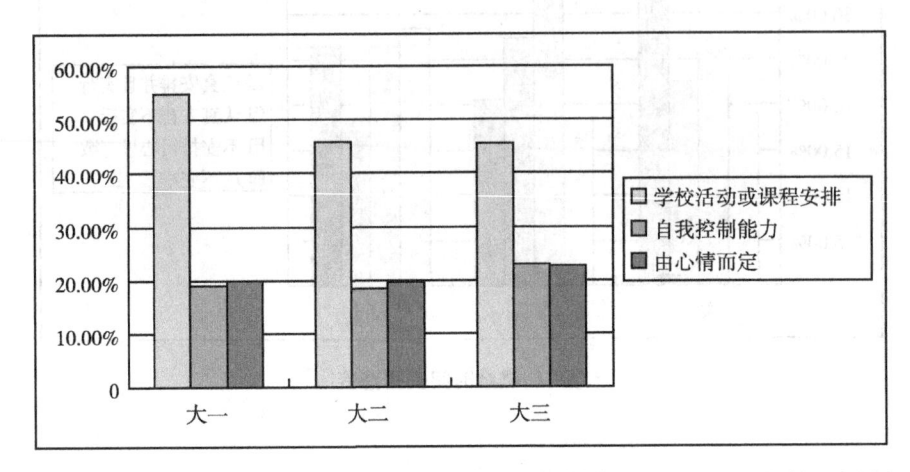

图5 课余时间安排的影响因素

（六）娱乐和学习冲突的选择

当课余时间和学习冲突时，有很多人在乎学习，尤其是大一新生，随着年级的增长，越来越多的学生权衡轻重后才会下定论来决定（如图6所示）。这是学生思维能力进步的表现。

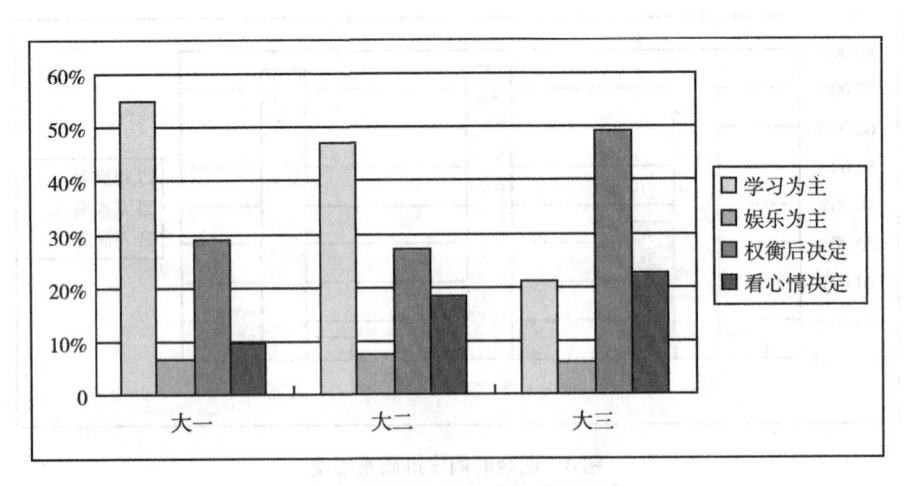

图6 娱乐和学习冲突的选择

二、结果分析

通过这次的调查分析，我们了解到大多数大学生还是不能够充分、合理地利用课余时间，主要存在以下四个方面。

（1）随着科技的进步和生活水平的提高，大多数大学生都拥有自己的电脑，而电脑也就成了大学生打发无聊课余时间的主要工具，问题是运用电脑学习的同学却是少之又少。

（2）从结果来看大多数学生还是很重视学习的，但对于课余时间的安排规划和执行仍存在较大问题。在处理课外活动与学习时大一学生处理问题的方法还是比较谨慎，而大三的同学以娱乐为主。

（3）很多同学对于课余时间安排不是特别满意，这一点如实反映了大学生在思想和行动上的矛盾，大学生还是缺乏精神的独立和良好的自控能力，把握不好自己多出来的自由。

（4）在课余时间中，大学生社会实践少，自我提升意识不强，虽然课余时间充分，却不能充分的利用。和高中相比，大学过于自由，缺乏必要的约束，选择太多，多种因素导致大学生利用课余时间效率较低。

三、建议

（一）从学生自身入手，加强课余生活指导

（1）从自己的实际出发，制定时间安排表，争取做到每天可以都有一定的收获，提高课余时间的利用率。

（2）现在电脑普及迅速，每个大学生都拥有一台自己的电脑，我们应该合理的利用电脑，在开拓眼界，放松自我时，一定要避免沉迷于电脑中。

（3）大学生活丰富，应该多参加一些社团活动来丰富课余生活，同时开拓我们的视野和扩大我们的交友范围。

（4）课余时间多留意就业信息、现状与动向，由于现在人才竞争激烈，市场对人才提出更高的要求，就业压力增大，导致许多大学生产生危机感。

（5）随着年龄的增长，面对一些消极的诱惑我们必须要有自控的能力。

（二）从学校入手，开展丰富的课余生活

（1）加强图书馆建设。图书馆是书的海洋，是存贮人类知识的宝库，大学生在图书馆轻松、舒适的环境里可以自主地支配课余时间，探索知识奥秘，利用图书馆资源继续学习专业知识，查阅相关资料，修补自己知识结构中的欠缺，拓展知识面，提高自学能力；图书馆可以通过一系列读书活动的开展，扩大自己的影响，发挥自己的作用，吸引更多的大学生在课余时间走进图书馆，利用图书馆。

（2）社团是由大学生自己发起、管理、策划、运行的组织，它更接近大学生的生活，更懂得大学生的需要。通过社团活动能够锻炼大学生处理事情能力，培养交际能力，提高大学生素质，为尽快实现培养高素质创新型人才的目标做出重要贡献，学校应该为社团工作提供充分的硬件条件。使学生社团活动在素质教育中发挥更大的作用。

（3）增强学生体质是学校体育的任务之一。近年来随着高校扩招，学生规模急剧增加，现有学校的体育场馆设施就远远不够，所以建议学校在多安排体育活动的同时，加大对体育场馆和锻炼器材的投入。

参考文献

[1] 王林. 试论网络时代大学生心理健康教育[J]. 人文杂志，2006(5).

[2] 华云伟. 在校大学生现状分析[J]. 当代经济分析，2012(15).

[3] 李一. 网络沉溺的生成机制及社会对策[J]. 广东社会科学，2002(5).

[4] 付国群. 大学生心理研究[M]. 北京：北京大学出版社，2010.

点评：

1. 适用性评价：适合大学生科研训练选题。
2. 论点与论证过程评价：论点正确、客观，有一定的理论与应用价值。

数据详实、分析有条理、有深度，结论有价值；逻辑性强，语言表述流畅，格式规范。是下了功夫的，值得肯定。

3. 存在的问题：应附上所设计的问卷。

苏向杰

关于大学生生活费分配的研究

学生姓名：汪 琴　陈恩羽　郝子非

指导老师：俞爱群

摘　要：社会总给大学生冠以"非理性消费群体"的称号，这样的说法是否合理有待进一步研究。同时本文还将对导致大学生经济不独立的问题及大学生学习问题进行了研究并给出了我们的结论。

关键词：大学生　经济不独立　理性消费群体　偏见

一、调查的背景及目的

改革开放以来，我国经济文化水平大幅度提高，人们的消费观念、消费结构和消费水平也都相应发生了一些变化。大学生作为社会中特殊的消费群体，有着不同于社会其他消费群体的消费心理和行为。一方面，他们有着旺盛的消费需求；另一方面，他们尚未获得经济上的独立，消费受到很大的制约。消费观念的超前和消费实力的滞后，都对他们的消费有很大影响。一些人给当代的大学生冠以"非理性消费群体"的称号。为了研究该观点是否合理，我们就本校学生为主要调查对象展开了调查。

二、生活费主要来源分析

（一）来源现状

从我们的问卷调查可以得知，大部分大学生的生活费来源于父母，其他如勤工俭学、奖贷学金、困难补助相对较少。

(二) 问题

大学生从能力上讲，可以自力更生，可以用自己的双手来创造财富，完成自己的学业。但是从问卷调查结果中，我们看到现实恰恰相反，大学生的生活费基本来源于父母，在经济上不能够完全独立，如果大学生不能够思考并着手解决自己的经济问题，何谈对未来人生的规划呢？

(三) 原因

(1) 家庭原因。子女在孝顺父母、听从父母教导的同时，还享受着父母在物质和精神的上的赠予，这种赠予不会随着子女年龄的增长而消失。中国的父母更倾向于对子女无私的付出，长年累月，使子女和父母双方都习惯了这种单向付出。自计划生育实行以来，现在的大学生大都是独生子女，家中的溺爱更胜以往。父母不求回报的行为，使得子女的索取变得理所当然。

(2) 学校教育原因。现在中国的教育体制被应试教育主导，这种教育体系的出发点是好的，但与个人利益相结合时却显得愈来愈偏激化。

(3) 社会问题。中国作为一个高速发展的发展中国家，多元化的岗位需求使得大学生在校期间能够找到工作。但市场体制的不完善，国家相关法律法规的不健全，使得大学生成为了这一市场需求的弱势群体。付出与薪酬不成正比、容易受到欺骗、受骗后求助无门，而且现在的高校也愈来愈商业化，上大学需要支付高昂的学费及各种各样的收费名目，使得大学生打工挣得的工资不足以支付，只能转身向父母寻求帮助。

(四) 解决办法

综上所述，要解决大学过度依赖父母的问题，可以从这三个反面着手。

(1) 父母观念的转变。子女虽然是血脉的延续，但他们是独立的个体。因此，要从小培养子女的独立意识，以自己的人生观价值观作为引导，培养出子女自己的人生观价值观。以身作则，为子女树立正确的金钱观，培养子女的理财意识。

(2) 在国家素质教育的口号下，社会更需要多元化人才，学校要重视学生的全面发展。国家要加大对教育的投资，对学校和老师给予更好的平台。

(3) 国家完善相关法律法规，使得大学生能够在市场机制中维护自身的合法权益，在国家加大教育投资的情况下，自己挣得的薪酬足以支付自己学费。

三、大学生生活费分配现状及分析

（一）生活所需分配

1. 吃、喝耗费

从我们的问卷调查可知，本校学生每月的伙食费大都在1200元以下，只有少数会在1200元以上。据北京市人力资源和社会保障局最低工资标准调整消息，从2015年4月1日起北京最低工资上涨至1720元，基本生活费标准由每月1092元上调至1204元，也就是说，本校学生的生活费几乎都在北京市的基本生活费标准以下。由此可见，本校大部分学生的基本生活耗费还是比较合理的，没有出现过度消费的情况。

大学生在水果、零食这一方面的支出比较合理，说明大学生对食用健康食品观念有所加强。

本校大部分同学不吸食烟酒，小部分吸食烟酒的同学每月的烟酒花费都在400元以内。这说明大学生有着很明确的"烟酒有害健康"的观念，当然这和现代家庭、高等院校对大学生的素质教育是密切相关的。

2. 穿、用所需

从我们的问卷调查可知，作为特殊消费群体，大学生没有独立的经济来源，所以像化妆品这一类奢侈品方面的消费要求比较低。

从生活必需品每月开销的金额可以看出本校大学生的理财规划能力是很值得肯定的，这就说明大学生深知"该买什么"和"不该买什么"，每次购物都是理性思考后的行为。

通讯费这方面，本校大部分同学的通讯费都没有花费在或不仅仅花费在与男女朋友的通话上。大学期间是广交朋友、积累人脉的最佳时间。在通讯金额上来讲也是比较合理的，既满足了大学生在维持人际关系方面的需求也不会存在过度消费的倾向。

21世纪是一个电子产品泛滥的时代，各种各样的电子产品层出不穷，更新换代的速度比其他的商品快。在这样的时代背景之下,本校仍有近2/3的同学每年的电子产品消费在2000元以下,也就是说多数同学在电脑、手机等电子产品的更换并不过于频繁,由此可以看出大学生的消费理念是比较切合实际的。

大学生在衣饰方面基本是按需消费的,对于不同的人需求程度可能会不同,所以衣饰消费金额的区间相对来说比较分散,但就消费金额的总体来讲,大部分学生并没有过度消费的行为。

(二)娱乐耗费

1. 社团、朋友聚会费用

在大学这个"微型社会"的空间内,每逢过年过节、朋友生日、班级小聚、部门庆祝等,大多数学生都会选择聚餐作为主要的庆祝表达方式。通过聚餐他们可以交流感情,交换信息,更好的促进身心学业的发展。刚刚脱离应试教育的大学生可以在聚餐中学到很多为人处事的经验,更加开放灵活。也可以提高学生的生活质量,增进人际关系,提高社交能力,与朋友分享快乐和悲伤的情感。就此而言,大学聚会花费可以说是一项必不可少的开销,但是大学生还是合理的调节了自己在人际交往开销上的需求和自己消费局限性的关系。

2. 旅游度假费

旅游可以缓解工作和生活方面的压力,使精神得到彻底放松;旅游可以让我们开阔眼界,增长见识和见闻;旅游可以广交朋友;旅游还可以锤炼意志、开拓智慧。旅游可谓是一项老少皆宜,妇孺皆知的"心灵运动",对于青年人自然也是必不可少的。大学生多出去走走,对他们人生观、价值观的形成,道德情操的培养都是很有益的,所以在旅游方面的花销是物超所值的。

(三)学习耗费

(1)问题:大学生学习任务虽然不像中学那般繁重,但学习依然是最重要的事。大学生对于学习的事并非那么重视,大学挂科现象普遍。更有甚者不能够完成学业,拿不到毕业证书。

(2)原因:大学以前的学生多处于家长、学校的监管被动学习,进入到大学后在没有过多监管的情况下,很难做到主动学习。在多数大学生的观念里,到了大学就该放松，形成这种观念原因往往来自父母和学校，在以往的学习中，考大学就是一个学生的终极目标。家长和学校对于这个最终目标的描述就是，"考上大学就可以尽情的玩""考上大学我们就不会再管你了"。大学生很容易迷惘就在于不知道自己能做什么，该做什么，怎么去做，四年的时光就这么浑浑噩噩的度过了。

五、总结

对于大学生消费群体，人们总是惯性的将其称为"非理性消费群体"。通过我们的调查研究，证明大学生是一群理性的消费者，有着很强的理财规划能力，清楚自己的需求，具有切合实际的消费理念、健康的消费观，能够合理的调节自己的需求与自身消费局限性的关系。他们会出现的消费问题其他的消费群体也一样会出现，唯一区别于其他消费群体的只是他们没有独立的经济来源。

点评：

1. 适用性评价：适合大学生科研实训选题。

2. 论点与论证过程评价：文章观点正确。论证过程较为完整，有较好的逻辑性。

3. 存在的问题：没有附上调查问卷。在做调查数据分析时没有进行图表分析与表述。最重要的是，没有根据调查结果与分析，提出一套大学生生活费用分配的科学的解决方案，使文章的最终价值受到很大的影响。

苏向杰

关于财务统计计算中误差分析及解决思路

学生姓名： 朱丹彤　浦美艳　李　开
指导老师： 尤传华

摘　要： 在现代企业发展过程中，财务工作室企业管理的重点内容之一，企业可以通过科学的计算有效规避财务风险。财务统计是一项需要极高精确度的工作，如何使财务统计计算更加精确？如何减轻计算误差带来的影响？ROUND、INT、TRUNC多种函数计算方法，哪种更加适合日常财务统计？

关键词： 财务统计　精确度　EXCEL　函数计算

一、课题研究原因

在我们的日常生活中，财务计算是必不可少的一部分，外出旅游、购物、买房还贷，都需要我们对自身财务状况进行计算。在企业管理中，财务统计更加复杂，一个小小的误差，就有可能使企业蒙受巨额损失。因此，如何提高财务统计的精确性，就成为了一个很重要的课题。通过研究我们发现，目前的财务数据在累计求和的计算中会出现微小的误差。因此，我们利用ROUND、INT、TRUNC等多种函数比较与函数多重组合叠加，来分析比较哪种方案会最大程度的减少截断误差，提高数据的抗干扰性，来提高财务数据的准确程度。

Excel实际参与计算的是默认精度，是按精确位相加的，而不是按显示的两位小数相加；而手工计算是按精确位相加的，而不是按显示的两位小数相加，我们把A6-B6-C6产生的这个误差叫做截断误差。（如图1所示）

	A	B	C
1	0.1234	0.12	0.12
2	0.125	0.13	0.13
3	0.126	0.13	0.13
4	0.135	0.14	0.14
5	0.145	0.15	0.15
6	0.6544	0.65	0.67

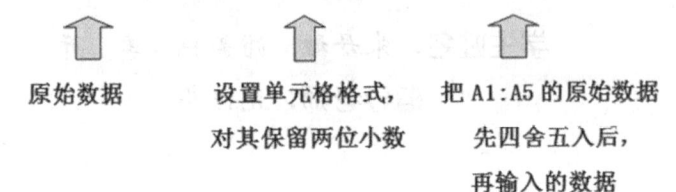

↑ 原始数据　　↑ 设置单元格格式，对其保留两位小数　　↑ 把A1:A5的原始数据先四舍五入后，再输入的数据

图1　截段误差

二、问题解决思路

（一）第一阶段：数据收集

通过在网络上收集一些公司的财务数据，找出其误差。小组成员在网络和图书馆寻找相关信息及资料，最后进行讨论和研究，利用Excel进行数据的排列、组合，将各个财务指标进行分类。

（二）第二阶段：数据分析

在小组成员和老师的交流后，经过老师的悉心指导，从最初的方法中筛选出具有可实际操作的在财务统计计算中误差的解决办法，进行实验性的操作。在课题研究的过程中，不断积累过程性研究资料，及时组织交流和分析，总结经验、推广做法。对发现的问题，能及时提出修改意见，并列出下一步改进的具体做法。根据不同的计算方法，对不同的函数进行了计算，利用各个公司的财务数据进行分析，将选取的数值分为N类，分别利用不同函数进行求和计算，比较各组求和结果的异同。

（三）第三阶段：问题解决计划

通过以上两个阶段的调查和分析，财务统计计算中的误差的已解决，利用ROUND、INT、TRUNC等多种函数比较与函数多重组合叠加，分析比较哪种方案会最大程度的减少截断误差，提高数据的抗干扰性，来提高财务数据的准确程度。

三、三种函数运算方法

（一）ROUND 函数

ROUND 函数是 EXCEL 中的基本函数，作用是按照指定的位数对数值进行四舍五入，如果 num_digits 大于 0（零），则将数字四舍五入到指定的小数位。如果 num_digits 等于 0，则将数字四舍五入到最接近的整数。如果 num_digits 小于 0，则在小数点左侧前几位进行四舍五入。若要始终进行向上舍入（远离 0），可使用 ROUNDUP 函数。若要始终进行向下舍入（朝向 0），可使用 ROUNDDOWN 函数。若要将某个数字四舍五入为指定的倍数（例如，四舍五入为最接近的 0.5 倍），可使用 MROUND 函数。

（二）INT 函数

INT 函数将数值向下取整为最接近的整数。int 函数可用 floor 函数代替 int（number）=floor（number，1）。

（三）TRUNC 函数

TRUNC 函数返回处理后的数值，其工作机制与 ROUND 函数极为类似，只是该函数不对指定小数前或后的部分做相应舍入选择处理，而统统截去。其具体的语法格式如下。

TRUNC（number，[decimals]），其中：number 待做截取处理的数值，decimals 指明需保留小数点后面的位数。可选项，忽略它则截去所有的小数部分。

下面是该函数的使用情况：

TRUNC（89.985，2）=89.98；

TRUNC（89.985）=89（即取整）

TRUNC（89.985，-1）=80

第二个参数可以为负数，表示为小数点左边指定位数后面的部分截去，即均以 0 记。与取整类似，比如参数为 1 即取整到十分位，如果是 -1，则是取整到十位，以此类推；如果所设置的参数为负数，且负数的位数大于整数的字节数，则返回为 0，如 TRUNC（89.985，-3）=0。

TRUNC 函数语法具有下列参数。Number 必需；需要截尾取整的数字；Num_digits 可选；用于指定取整精度的数字；Num_digits 的默认值为 0（零）。

TRUNC 和 INT 类似，都返回整数。TRUNC 直接去除数字的小数部分，而 INT 则是依照给定数的小数部分的值，将其向小方向到最接近的整数。INT 和 TRUNC 在处理负数时有所不同，TRUNC（-4.3）返回-4，而 INT（-4.3）返回 -5，因为 -5 是较小的数。TRUNC 函数返回处理后的数值，其工作机制与 ROUND 函数极为类似，只是该函数不对指定小数前或后的部分做相应舍入选择处理，而统统截去。

四、对三种函数算法的叠加分析

从图2中可以看出，INT函数由于是向下取整，若数据是0.129、-0.1391，则向下取整为0.12，-0.14，误差较大，TRUNC 函数则是截断数字，若数据是-0.1391、0.1298，则截断成为-0.31、0.12，误差也较大。

1	原始数据	保留两位小数	ROUND	INT	TRUNC
2	0.1244	0.12	0.12	0.12	0.12
3	0.129	0.13	0.13	0.12	0.12
4	0.1298	0.13	0.13	0.12	0.12
5	0.139	0.14	0.14	0.13	0.13
6	0.158	0.16	0.16	0.15	0.15
7	-0.1391	(0.14)	-0.14	-0.14	-0.13
8	-0.1302	(0.13)	-0.13	-0.14	-0.13
9	-0.1318	(0.13)	-0.13	-0.14	-0.13
10	0.2791	0.28	0.28	0.27	0.27

图2　三种函数算法的叠加分析

五、结论

在财务数据累计求和的计算中，分析造成计算误差的成因，利用ROUND、INT、TRUNC等多种函数比较与函数多重组合叠加，分析比较哪种方案会最大程度的减少截断误差，提高数据的抗干扰性，来提高财务数据的准确程度。

相比INT、TRUNC这两种函数运算方法，ROUND相对来说还是精确性较高，因此我们得出结论，目前在EXCEL中的财务数据运算，使用ROUND函数相对更加合理。但我们也发现，在财务计算中难免出现一些误差，而如何让财务数据更加精确，这个课题将不断地发展。

参考文献

[1] 袁春花.计算机应用基础案例教程[J].长春：吉林大学出版社，2009.
[2] 杨书怀.计算机辅助审计：基于鼎信诺审计系统[M].上海：复旦大学出版社，2014.

点评：

1. 适用性评价：适合大学生科研训练项目选题。

2. 论文论点与论证过程评价：文章观点正确。

3. 存在的问题：结论过于简单，没有深度；"误差分析及解决思路"这一主题没有得到明确分析。在标题上应该设置专门标题，并逐项进行分析并得出结论；

建议补充具体的案例说明。

多俊岗

调查报告类

调查报告类

北京市大学生保险意识调查

学生姓名： 宫姝辰　龚晓秋　朱嘉琪
指导老师： 张　洁

摘　要： 本文对北京市大学生的保险意识进行深入调查，了解北京市大学生保险意识水平，针对当今大学生保险意识中存在的问题进行分析、研究，最后得出结论，并提出改进性的意见或建议。

关键词： 北京市大学生　保险意识　意识调查

一、调查背景、目的

（一）调查背景

随着社会的发展与进步，保险意识一词逐渐深入人心，从最初对保险风险的投资到慢慢摸索与了解，人们对保险的观念意识也在不断改变。尽管如此，我国保险业对保险的普及和意识的培养还有欠缺。从新中国成立至今，中国保险业的真正发展只经历了三十多年。从1979年到2015年，虽然中国保险市场以蓬勃的活力保持着高速的发展，但市场年轻、经验不足是无法避免的事实。

保险意识淡薄是发展年限过短的有力证明，如何解决这一问题迫在眉睫。保险知识普及的最大阻力来自于中青年人，而这一人群也恰恰是保险发展的最大推动力。这其中大学生作为承上启下的一代，是未来中国发展的主力军，保险市场未来的发展也依靠着他们，因此，增加大学生的保险意识尤为重要。

(二) 调查目的

本次调查的目的是了解北京市大学生对保险的了解情况，和对风险防范的意识。由大学生的保险意识情况进而了解整个北京市的保险市场上人们对于保险的直观印象与了解，再从北京这一点出发，辐射周边地区，慢慢渗透了解，大致推测全国市场可能存在的关于保险意识的问题。我们才能更有针对性地提出对于北京保险市场的改进意见和有效解决方案。

具体来说，是为保险公司如何开拓大学生市场，更有针对性地进行保险销售提供有效数据。也可以为保险公司在面对高学历消费群体时如何体现自身优势提供参考。同时，在学校向大学生进行风险防范意识宣传方面起到指导作用。

二、调查设计及调查实施

此次调查主要采用了两种方法：问卷调查和实地走访。此次问卷调查共发出500份，实际收回有效问卷305份，有效的回收率61%。我们将这305份实际收回的有效问卷作为研究的有效样本。

调查的时间是2015年3月，选取这段时间的理由是3月刚好是开学初，北京市大学生都已返校。更有利于我们与北京市大学生开展交流、收集问卷。地点是各大高校、街头调查及网络调查。

三、北京市大学生保险意识基本情况分析

(一) 北京市大学生受访者认为身边存在的最大风险是什么

如图1所示，71.80%的受访者认为交通意外风险是他们身边存在的最大风险，58.69%的受访者认为医疗风险是身边存在的最大风险，22.62%的受访者认为财产风险是身边存在的最大风险，1.31%的受访者认为其他风险是身边存在的最大风险。由此可见，大学生真正关心的风险主要集中在交通意外风险和医疗风险两方面。在受访时，一些大学生也表示除了上述几种风险外，网络交易、网络信息安全等方面的风险也是他们所关注的。

因为我们本次调查的主要对象是大学生，在这个群体中，大部分人普遍没有收

入能力，所以财产风险极为有限。而相对的，这个群体的精力时间都比较充裕，所以更多的人愿意在课余时间出去旅游、逛街，无形中增加了乘坐交通工具的几率，也就增加了交通意外风险和医疗风险的几率。另外，很多大学生还不太会照顾自己或没有很好的自理能力，一些磕磕碰碰的小意外不可避免，所以增加了医疗风险。

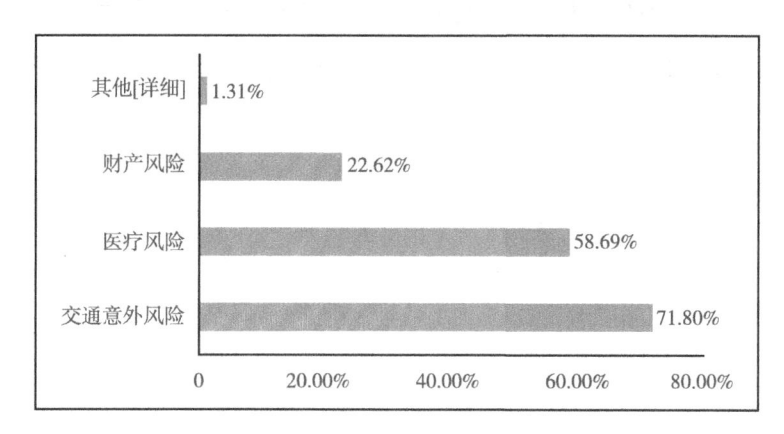

风险类型	比例
其他[详细]	1.31%
财产风险	22.62%
医疗风险	58.69%
交通意外风险	71.80%

图1 受访者认为身边有何风险

因此，我们向学校提出三点建议。首先，学校应该向宣传学生乘坐正规交通工具的重要性，并教导学生在发生交通意外时应如何自保。其次，学校应开设急救护理课程，教导学生在发生人身意外和突发疾病时如何做到正确自救和对他人施救。再次，学校应定期排查学校内存在的安全隐患、维修或更换破损及老旧设施，减少学生在校园内发生意外的几率。

就学生个人而言，在出行时尽量选择正规交通工具，了解并遵守基本交通规则，处处小心。在游玩时，也不能放松警惕，不参与高危险性活动，将自己的生命安全放在第一位。了解自身身体状况，参加任何活动都应量力而行。

对保险公司而言，保险公司应该设计更多针对对大学生特点的保险，例如，组合型保险、交通意外高赔付率保险、医疗赔付覆盖面更广的保险。保险公司还可以增加新的险种，如主要针对于各种网络风险的保险。除了设计和开发保险产品以外，还要增加对大学生群体的宣传推广力度。

（二）受访者了解保险的途径

从图2中可看出受访者了解保险主要是通过朋友家人和保险公司宣传这两个途

径，其所占比例分别为57.70%和54.10%。此外，网络也是受访者了解保险的途径之一，其所占比例为45.57%，还有一小部分受访者是通过书籍杂志和其他方式了解的保险，所占比例分别为22.95%和3.28%。另外，由于网络技术的发展，运用网络来获取知识也是学生们最爱使用的方式之一，所以，由网络途径来了解保险也是重要手段之一。其余的一部分学生或是对保险感兴趣去查阅了有关书籍，或是无意中阅读到了有关保险的书籍了解到了保险，这也成为了一部分人了解保险的途径和手段。

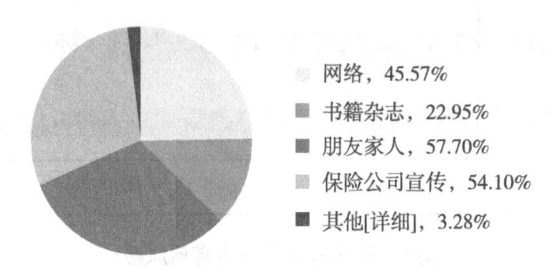

- 网络，45.57%
- 书籍杂志，22.95%
- 朋友家人，57.70%
- 保险公司宣传，54.10%
- 其他[详细]，3.28%

图2 受访者了解保险的途径

从上面对问题的分析来看，在遵循传统模式和渠道购买车险的同时，投保人可以更多的尝试其他新兴的购买渠道，自主选择，灵活性更大，更加便捷。保险公司依然需要重视传统的销售方法，但同时需要加大力度，宣传并发展新兴的销售模式和渠道，完善新渠道的各项基本建设，这样更有利于扩大市场，迅速抢占市场。

（三）受访者对保险持何种态度

如图3所示，通过实地走访和网络调查，我们发现通过这两种方式，调查"对保险感兴趣"得出的结论差别不大，分别为25%和30%；对保险持无所谓态度的，实地走访所占比例明显低于网络调查，分别为29%和58.57%；对保险反感的态度，实地走访大大所占比例高于网络调查，分别为46%和11.43%。在实地走访过程中发现，一部分大学生对保险比较反感是因为认为保险带有传销性质，比较反感现阶段保险的宣传及推广方式；另一部分大学生则认为，自己遇到风险的几率较小并且自己没有经济来源，难以负担购买保险所产生的费用，从而拒绝购买保险。总体而言，北京市大学生的保险意识比较薄弱。

据此，我们针对学校、学生、保险公司三个方面提出一些建议。对学校而言，学校应该加强保险宣传力度，可以开设相关课程和讲座，其主要目的是向大学生介绍保险的真正用途和实际意义，让学生可以真切地感受到保险与他们的生活密切相关，并能给他们带来更多好处。

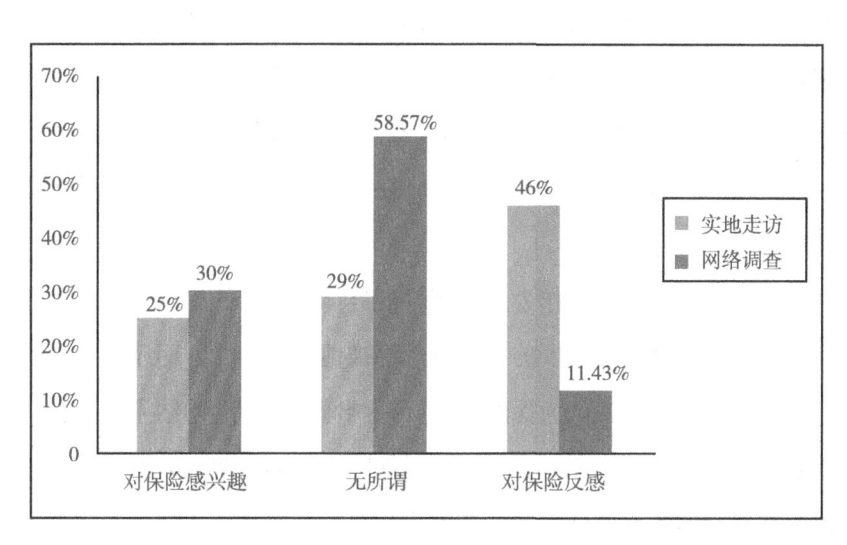

图3　受访者对保险所持态度

对学生而言，学生应该转变原有的对保险的不良印象，放下芥蒂，客观理智地认识并对待保险。大学生应该多了解保险，以自身利益出发，认识到保险能带给自己的好处。

对保险公司而言，保险公司应该提高业务员素质，不要给大学生消费者留下不良的印象，要重视对本公司的形象建设和宣传力度，拉近自己与大学生群体之间的距离，在大学生心目中树立积极正面的形象。另外，保险公司也应该转变其宣传及推广方式，让大学生更容易接受其保险产品。

四、结论与建议

（一）北京市大学生保险意识调查存在的问题总结

1. 北京市大学生保险意识薄弱

在调查中发现北京市大学生的保险意识普遍薄弱，对保险的认同感较低，真正对保险有了解的人较少，且大部分人不愿学习，甚至反感保险。

2. 保险公司存在宣传、险种、服务等问题

首先，宣传问题。保险公司在大学生群体中宣传力度不够，使很多人对保险存在误区，又不能得到有效的解答。另外，公司的宣传模式过于固定和传统，不符合大学生追赶潮流、猎奇的心理，也就无法真正吸引大学生的关注。

其次，险种问题。目前市面上，真正针对大学生群体的保险少之又少，很多险种并不符合大学生的实际情况和需要，无法为大学生提供健全的保障。而且，好的险种一般保费偏高，超出大学生承受能力，在大学生承受范围内的险种，普遍保障不全，保费赔付率较低。

最后，服务问题。大学生作为一个年轻的群体，追求的是高效率、个性化的服务。现在市面上保险公司所提供的服务显然不被他们所接受。明显看出大学生对于保险产品的理解不足，普遍认为保险条款冗杂难懂。从问卷的结果上来看，受访者明显不满意保险公司对于条款的设置，并对保险知识的讲解较为不满。另外，大学生认为保险理赔时的效率偏低，服务态度不是很好，或是故意拖延，这都是保险公司服务存在的问题。同时，受访者对保险业务员的素质也提出了质疑。

（二）对北京市大学生保险意识调查的建议

1. 北京市大学生保险意识薄弱

首先，对学校而言，学校应该加强保险宣传力度，可以开设相关课程和讲座，其主要目的是向大学生介绍保险的真正用途和实际意义，让学生可以真切地感受到保险与他们的生活密切相关，并能给他们带来更多好处。

其次，对学生而言，学生应该转变原有的对保险的不良印象，放下芥蒂，客观理智地认识并对待保险。大学生应该多了解保险，以自身利益出发，认识到保险能带给自己的好处。

最后，对保险公司而言，保险公司应该提高业务员素质，不要给大学生消费者留下不良的印象，要重视对本公司的形象建设和宣传力度，拉近自己与大学生群体之间的距离，在大学生心目中树立积极正面的形象。另外，保险公司也应该转变其宣传及推广方式，让大学生更容易接受其保险产品。

2. 保险公司存在宣传、险种、服务等问题

第一，宣传方面。保险公司要加大在学生群体中的宣传力度，定期组织校园行，向校园内的学生普及保险知识，解答关于保险的困惑，也可以与学校进行沟通，由校方出面组织讲座，宣讲保险知识。除了重视现有的保险宣传模式之外，在传统宣传过程中追求稳中求变。

网络的普及为宣传模式的改变带来新的选择。作为新生模式中的生力军，网络宣传显然是其中的佼佼者，对网络宣传必须投入足够的精力。利用因特网的技术和功能，最大限度地满足客户的需求，达到以开拓市场、增加盈利为目标的宣传过程。保险网络宣传有三个特点。

（1）信息量大，具有互动功能。网络如同一个无所不通的保险专家，随时可为投保人提供所需资料，并能做到简洁、迅速、准确。

（2）降低保险公司成本，提高宣传效率。

（3）随时可用。

首先，突破旧的方式和思维模式，将宣传渠道从原来单一、僵化的形式转变为多样化、灵活性与适应性强的形式，将为保险公司带来发展的新契机，更有助于发展新的大学生客户，利于抢占市场，增加公司的核心竞争力。

第二，除了网络宣传模式，一些互动式的宣传模式也可以很好地调动大学生的积极性，如游戏、场景模拟体验、参观出游等，都可以满足大学生猎奇心理，让他们更容易接受保险。

第三，险种问题。大学生对现有险种的不满以及现有险种的局限性，使保险公司需要大力开发新产品。开发新险种成为保险公司增强自身的竞争力的主要手段，但是新险种开发很复杂，它包括资料收集、信息反馈、最后推向市场检验等多个过程，过程中任何一个环节的失误都将导致险种策划定位失败，使理赔环节出现更多的疏漏。所以在制定新保险的时候一定要反复研究，尽量弥补漏洞。

第四，产品组合配合使用是目前市场上最常见的销售模式，但有些销售搭配并不能真正的符合投保人自身的情况和需求。所以建议公司提供个性化定制服务，可以对每个客户提供更多元更人性化的产品组合方式。

第五，保费问题。各公司应该良性循环，不应形成恶性竞争造成价格过高或过

低。了解大学生的心理承受力，降低产品研发中各环节的成本输出，从源头上降低保费价格。公司可以多推出一些优惠条件，让大学生在买到保障的同时，享有易于接受的优惠价格。

第六，服务问题。加强对公司客服人员、理赔人员、销售人员的培训和管理，并推出一套完整的管理体系，建立奖罚分明的绩效考核体系、在投保人进行投保时必须履行责任免除特别告知和说明的义务，将其落到实处而不是走形式和过程。

保险公司一定要切实地进行客户调查，认真了解客户的需求和对保险条款的意见建议，认真地改进，提高客户的服务体验。

参考文献

[1] 孙祁祥.2014中国保险业发展报告[M].北京：北京大学出版社，2014.

[2] 韩志勇.中国保险业面临的主要问题及对策[J].内蒙古科技与经济，2003(11).

点评：

1. 适用性评价：适用于大学生科研训练项目选题，选题具有现实意义。

2. 论点与论证过程评价：论点基本正确，针对调查的情况提出的系列建议也是切实可行的。

文章作者对保险意识一词的理解不全面，它应该包括保险知识、保险意向、保险偏好、保险状况、影响因素等多层次内涵。因此，在问卷设计上，有些简单化了。总体上看，这篇文章具有一定的逻辑性，论证也较为充分，分析较为深入。

赵秀池　张　泰

网络营销与传统营销的比较分析

学生姓名： 祁晶晶　田雨禾
指导老师： 张　洁

摘　要： 网络营销源于传统营销，又与传统营销有着巨大的区别，本文阐述了传统营销与网络营销方式的概念、特点及主要方式，进而对二者的优缺点进行比较分析，指出只有选择正确的营销方式，利用不同的营销方式，才能为企业带来更大的经济效益。

关键词： 网络营销　传统营销　对比

一、研究背景

在市场竞争愈演愈烈的经济环境下，"网络营销"脱颖而出，给人们的生产方式和生活方式带来了巨大影响，给传统的市场营销观念带来革命性的变化。

二、研究目的和意义

网络营销是经济与技术发展下产生的新的营销模式，它虽然给传统营销带来了不小的冲击，但是因为网络普及率、网络固有的缺陷及网络不具有人的灵活性等特点，使其不能取代传统营销的主导地位。因此，网络营销不能取代传统营销，二者通过充分整合，将走向融合。企业要根据产品和服务的特点，对市场进行充分调研与细分，通过对客户进行分析，融合网络营销与传统营销策略，以最低的营销成本实现最佳的营销目标，将网络营销作为企业营销策略的一部分，通过其所具有的一些优点来弥补传统传统营销的不足，从而使营销策略更加完善。

三、网络营销

（一）网络营销的定义

网络营销是以现代营销理论为基础，借助网络、通信和数字媒体技术实现营销目标的商务活动；由科技进步、顾客价值变革、市场竞争等综合因素促成；是信息化社会的必然产物。广义的网络营销指组织或个人基于开发便捷的互联网络，对产品、服务所做的一系列经营活动，从而达到满足组织或个人需求的全过程，网络营销是企业整体营销战略的一个组成部分，是建立在互联网基础之上借助于互联网特性来实现一定营销目标的营销手段。

（二）网络营销的起源与发展

网络营销产生于20世纪90年代，发展至今。90年代互联网媒体，以新的方式、方法和理念，通过一系列网络营销策划，制定和实施的营销活动，可以更有效地促成交易的新型营销模式。简单地说，网络营销就是以互联网为主要手段进行的，为达到一定的营销目的而进行的营销活动。网络营销不单单是一种营销手段，更是一种文化，是信息化社会的新文化，引导媒体进入一个新的模式。

四、传统营销

（一）传统营销的定义

传统营销是一种交易营销，强调将尽可能多的产品和服务提供给尽可能多的顾客。经过长期的发展，已经形成比较扎实的理论和实践基础，消费者已经习惯这种固定的模式。消费者在消费过程中有很强的交流性，可以看到现实的产品并体验购物的休闲乐趣，同时也更取得了大众的信赖。

（二）传统营销的分类

1. 感官营销

感官营销是利用各种感觉，通过诉诸于视觉、听觉、触觉、味觉和嗅觉创造感官体验。感觉营销能用来实现公司和产品差异化、激励顾客还能为产品带来增值。

2. 情感营销

情感营销是充分利用顾客内心的感觉和情感创造情感体验，这种体验可能是对某种品牌持有的略微好感，也可能是非常强烈的自豪感和欢乐情绪，情感营销所需要的是深刻理解哪些刺激因素能够激发出顾客的某些特定情感和意愿，吸引顾客作出选择决策。

3. 思考营销

思考营销诉求于智力为顾客创造认知和解决问题的体验。通过让人出乎意料、激发兴趣和挑衅促使顾客进行发散性思维和收敛性思维。

4. 行动营销

行动营销的目的是影响身体体验、生活方式并与消费者产生互动。行动营销通过升华顾客身体体验，向顾客展示不同的故事方式（如在B2B和工业市场）、生产方式并与之互动。

5. 关联营销

关联营销包含了感官、情感、思考、与行动营销的很多方面。然而，关联营销又超越了个人感情、个性，加上"个人体验"，而且使个人与理想自我、他人、或是文化产生关联。

6. 体验营销

体验营销通过看、听、用、参与的手段，充分刺激和调动消费者的感官、情感、思考、行动、联想等感性因素和理性因素，重新定义、设计的一种思考方式的营销方法。

五、传统营销与网络营销的特点及优势比较

传统营销与网络营销的特点如表1所示。

表1 传统营销与网络营销的特点

营销方式	特点
传统营销	（1）服务思想急待提升，服务体系不完整； （2）服务流程长，服务效果差； （3）一线服务缺乏力度，整体服务形象不醒目。

(续表)

营销方式	特点
网络营销	（1）成本低； （2）传播快，扩散模型不同于传统广告； （3）投放受众精确； （4）方式和内容灵活； （5）内容制作流程往往更短； （6）参与营销和传播的主体更加多样； （7）决定营销效果的因素更加复杂，创意的决定性作用更加突出； （8）受众在营销过程中的主动性更强（拒绝被营销被营销的能力），受众同时也起到传播（营销）的职责。

传统营销与网络营销的优劣势对比如表2所示。

表2　传统营销与网络营销的优势比较

营销方式	优势	劣势
传统营销	可以和客户面对面的交流，让客户更直接了解产品，更加客观真实了解客户的需求，进而便于产品的更新换代。	（1）商品的附加成本增加从而没有价格优势； （2）商品有地域的限制且商品信息不流通，导致地域价格差； （3）广告成本大且有时间限制、地域限制，并且传播信息难以保留。
网络营销	（1）网络营销具有传播范围广、速度快、无时间地域限制等特点，有利于提高企业营销信息的传播效率，降低企业营销的传播成本； （2）网络营销无店面租金成本，节约水电与人工成本； （3）网络营销方便进入快捷进入任何一国市场，能够真正实现全球营销； （4）网络营销可以使企业不受自身限制。	（1）缺乏信任感； （2）缺乏生趣； （3）技术与安全性问题尚待改进； （4）价格问题愈加敏感； （5）广告效果不佳； （6）企业促销被动性加剧。

六、网络营销对传统营销的影响

1. 对标准化产品的冲击

传统营销注重提高生产率、注重产品本身、注重推销等。网络营销真正的从消费者出发，真正的以客户为中心。通过网络在全球范围内进行市场调研，可以迅速获得关于产品宣传的反馈信息，从而更加容易对消费者行为方式和偏好进行跟踪。

2. 对营销渠道的影响

传统营销依赖层层严密的渠道，大量的人力和广告的投入，这在网络时代将成为企业的巨大包袱。通过网络营销，企业可以与最终用户直接联系，中间商的重要性因此有所降低。

3. 对定价策略的冲击

网络营销影响传统营销的定价策略。互联网将使变化不定且存在差异的价格水平趋于一致。这对各地存在不同价格的公司产生巨大的冲击。

4. 对传统营销方式的冲击

随着网络技术迅速向宽带化、智能化、个人化方向发展，用户可以在更广阔的领域内实现多媒体信息共享和人机交互功能。正是这种发展使得传统营销方式发生了革命性的变化。它将导致大众市场的终结，并逐步体现市场个性化。

5. 顾客关系的再造

网上营销的企业竞争是一个以顾客为焦点的竞争形态，争取顾客、留住顾客、扩大顾客群体、建立亲密顾客关系、分析顾客需求、创造顾客需求等，都是营销的关键。因此，如何与分布在全球的顾客群体保持紧密的关系并掌握他们的特性，开展成功的营销将是市场营销的重大课题。

七、结论

1. 网络营销如今已经是一个大趋势

随着网络的高速发展，网络所使用的频率越来越高，消费者接触网络的机会越来越多，更多的人直接从网络获取资料。因此，网络营销日后将成为一个新的潮流，得到更大的发展空间。网络营销已经进入一个高速发展的阶段。电子商务的优势，已经得到高度的认同。经初步判断，企业在这个大趋势之下，应该利用这个时机，利用网络的优势，帮助其迅速发展。

2. 传统营销依然有自身优势不可忽略

在调查的过程中，虽然网络营销给传统营销带来了一定的冲击，但是传统模式依然有它的可取性与受众性。因此，不可以完全否定传统营销，单用网络营销，这在目前市场上是不可取的，故在采取营销方案上需要估计传统营销所带来的优势。

事实上，传统营销和网络营销二者之间各有优势，相互配合互补，如果把这两种模式运用恰当，会给企业带来无限发展的空间。可以利用传统的传播媒体，以有效的方式把信息快速地传递给目标客户，给客户留下强烈的印象。然后在这一个关键点上，网络营销巧妙地切入，与这些有兴趣的客户结合，运用网络手段，在任何时间任何地点导引客户到网站的平台上，使用不同的手段和方法与客户之间保持良好互动。传统营销与网络营销的有机结合，更形成了一个有闭环结构的完整营销系统。

参考文献

[1] 崔丽辉. 网络营销对传统营销的冲击[M]. 呼伦贝尔学院学报，2003(6).

[2] 刘蓓琳. 网络营销[M]. 北京：航空工业出版社，2009.

点评：

1. 适用性评价：适合大学生科研训练项目选题。

2. 论点与论证过程评价：论点正确。

网络营销是我国发展非常迅速的营销方式，文章通过对其与传统营销的对比分析，提出了企业充分结合这两种方式，形成一个有闭环结构的完整营销系统，具有一定的现实意义。文章结构完整、表述流畅。论证过程存在一些问题，在"三大网络营销"中，对网络营销的理解与表述不全面。

赵秀池　张泰

调查报告类

ERP在东台市企业中的实际应用状况及发展前景

学生姓名：姜佩娴　杨陈瑶　赵灵婕

指导教师：王印

摘　要：本文主要分析了目前ERP软件在我国江苏省东台市企业中的实际应用情况，指出目前存在的模块化应用较多、系统化应用不多、精益化应用程度低的问题与不足，并在此基础上研究提出了相应的解决对策，以及ERP在该市企业中企业用户更加趋向于定制解决方案应用与服务、应用软件企业将逐步拓展产品应用领域，多行业竞争趋势明显、ERP产品将满足两极应用的发展前景和网络化、盈利化发展趋势。

关键词：ERP　实际应用问题　发展前景

一、绪言

（一）课题背景及意义

企业是国民经济中的重要组成部分。目前一大批企业和组织都引入的ERP系统及其管理思想对企业进行了管理，以期实现企业的内部业务优化并为企业创造战略价值。随着ERP应用的日益普及，越来越多的企业迫切需要应用ERP来改善企业管理的现状，突破自身发展的制约和瓶颈，提高企业的竞争力。[1]但是ERP项目是一个复杂的系统工程，存在很大风险，再加上企业自身各方面条件的限制，企业应用ERP的效果不尽人意。本文通过对东台环保发电有限公司ERP应用案例的分析，试

---

[1] 米娜. 国内外ERP研究综述[J]. 经营管理者, 2012(16).

图为一般中小企业进行ERP管理实际应用提供一些借鉴。

（二）文献综述及简要评析

近些年，越来越多的企业开始重视ERP软件的应用，越来越多的学者也开始研究ERP实际应用的状况，但是基本上都是过于抽象化的理论，例如，罗永强在硕士论文中的研究内容源于其的日常工作及研究实践，具有较为重要的理论意义和实践应用价值[1]；李娟在论文中论述了与中小企业实施ERP的内在联系，目的是为中小企业ERP项目的成功实施创造良好的实施环境[2]。ERP不仅仅是一个技术，它也是贯穿整个企业管理过程中非常重要的思想。只有通过实际的研究与应用，我们才能更好的看出ERP在推广应用过程中的不足，才能提出相应的对策。

（三）研究方法

本文采用了文献研究法、经验总结法和描述性研究法来研究了东台市企业中ERP的实际应用状况并推演出了发展前景。

文献研究法是根据一定的研究目的或课题，通过调查文献来获得资料，从而全面地、正确地了解掌握所要研究问题的一种方法。

经验总结法是通过对实践活动中的具体情况，进行归纳与分析，使之系统化、理论化，上升为经验的一种方法。

描述性研究法是一种简单的研究方法，它将已有的现象、规律和理论通过自己的理解和验证，给予叙述并解释出来。

我们首先通过查阅一定的文献了解了ERP应用的历史和现状，确定了研究课题。形成了关于ERP问题的一般印象，有助于观察和访问，了解事物的全貌。其次，通过经验总结法，归纳分析了ERP实际应用的状况。最后，通过描述性研究法定向地提出了问题，总结出了相应的对策，并推演出了ERP在该市的发展前景。

---

[1] 罗永强. 中小企业ERP实施与应用研究[D]. 广州：广东工业大学，2013.
[2] 李娟. 中小企业ERP实施问题研究[D]. 泉州：华侨大学，2006.

（四）论文研究思路与框架

本文通过对东台市环保发电有限公司ERP实际应用案例，分析了该公司在ERP应用中的特色及ERP实施带来的益处和弊端，接着提出了相应的解决对策。最后，由点及面，通过一定的分析得出了ERP软件未来发展的前景以及趋势。

二、东台市ERP软件实际应用状况分析

（一）东台环保发电有限公司ERP应用案例

1. 背景介绍

东台环保发电有限公司位于江苏省东台市，成立于2002年5月10日，由6家单位共同投资组建。公司6台机组装机总容量1470MW，于2004年12月全部并网发电。

2. ERP的实施

国电数源提供的发电企业ERP解决方案"以全面预算为核心，优化企业资源配置；以流程管理为主导，强化企业内部控制"，是集企业"人、财、物"管理于一体的信息系统，具体包括以下内容。

（1）全面预算管理。通过预算量化手段，对企业财务资源进行优化配置。设置了成本利润预算、资产负债预算、采购预算等预算项目，通过预算的编制、执行，全面协调企业生产经营活动；通过责任中心设置，将企业的预算控制直接分解到部门、生产班组。系统提供了预算下达、编制、调整、汇总与审批及考核与业绩评价等功能。

（2）业务设置和业务处理模块。在前期业务优化咨询基础上，通过业务设置模块为企业建立整体业务模型，并对各业务设置标准流程，落实了咨询工作成果。对于需要预算控制的业务，设置预算项目对应具体业务类型，从而达到预算全程控制的目的。在业务处理模块上，所有业务按照设定的流程规范流转，实现了业务在线审批和监控，有效规避和降低内部营运风险。

（3）财务模块。包括日常账务处理、往来管理、报表管理等。业务在系统设定的审批流程结束后，直接进入核算环节，实现了业务财务一体化。通过预算项目与

会计科目的直接关联，凭证模板的初始设置，实现了凭证自动生成。系统支持辅助核算功能，可以在会计科目和预算项目基础上，进一步细化核算，满足多种管理需求。

（4）人力资源管理模块。除实现对企业的组织机构、岗位人员权限等系统基础信息进行维护外，本模块主要实现的功能包括系统维护、人事管理、招聘管理、薪酬管理等。绩效管理方面，开发了绩效管理多角度评估的功能，实现对部门、个人，从定性定量两个方面多角度综合考察，保证了绩效评估的公正与合理。

（二）东台市环保发电有限公司ERP实施效果

1. ERP实施带来的好处

东台环保发电公司ERP项目从2005年9月开始实施，2006年1月实现预算、业务、财务等核心模块上线运用，2006年9月完成所有模块的建设与应用。至此，通过ERP项目的实施，公司建立了完整预算管理体系、规范合理的业务处理流程，实现"事事有预算、步步有控制"。同时，把公司各部门管理业务和数据融合在一起，杜绝了信息重复的现象，保证数据的及时性和准确性。ERP项目的实施，为该企业的发展搭建了先进的信息平台，建成了良性运转的管理机制。

2. ERP实施带来的问题

（1）模块化应用较多。由于该企业在基础数据的积累、收集、整理等方面，都没有形成与ERP系统应用接轨的完整数据库资源，且由于企业内硬件配置以及人员素质技能等方面的差距，因此，在初期引进ERP系统时，大多是从一个个的功能模块开始。然而，随着时间的流逝，真正应用起来的就只有财务模块。其他的基本闲置，或仅仅是应用了除财务以外的采购、库存、物流、销售等各自部门内部的基础功能模块。这就使得ERP本来所具有的信息整合功能无法发挥，只是相对于之前没有使用ERP系统来说，各功能模块相对应的部门内部减少了工作时间，部分地提高了工作的精度和规范性。但对于ERP系统的高级功能，如订单处理、供应链管理、客户关系管理等则无从谈起。

（2）系统化应用不多。从ERP系统的应用原理和功能来说，通过引进ERP系统，可以起到辅助人工甚至部分地替代人工管理的作用。通过ERP系统的运作，可以解决人工管理所无法实现的系统化功能。但目前该企业尽管开始实施CRM（顾客关系管理）、SOP（销售与运营计划）、MPS/MRP（主生产计划/物料需求计划）等，但能够内外协同，真正实现对整个运营过程的系统化控制还有待观察。

（3）精益化应用程度低。精益管理是由在日本丰田汽车公司的准时化生产方式❶基础上形成的精益生产（lean production）思想推广到整个管理过程所形成的管理思想。目前，该企业在这方面的应用程度仍然很低。当然，这一方面与企业已有的内部管理基础薄弱有关。另一方面，即使是内部管理方面具有较好的信息化基础的企业，在整合内外部资源方面仍然力所不及；同时，由于ERP的精益化应用涉及到供应链上下游企业，在该市多数企业没有较好的系统一体化程度的情况下，对单个企业来说，也难以应用。

（三）东台市环保发电有限公司ERP实施的改进策略

1. 从模块化走向功能化

首先，保证模块化下公司各部门运营的效率；其次，逐渐在企业中推广ERP系统的高级功能，如订单处理、供应链管理、客户关系管理等。这不仅仅需要一定的时间，还需要专业人士的管理。公司可以招聘专业的ERP人员，还可以通过对企业内员工的进行专业的ERP模拟培训。从而达到使得ERP功能化成为现实。

2. 逐渐加深ERP系统化

企业可以通过将外部的顾客需求与内部的销售计划和生产计划的制定协同运作，可以从根本上起到以市场为导向，将市场变动及时、灵敏地反应到企业的生产销售决策当中的作用，实现企业对市场的灵活反应，使企业的供、产、销，企业经营运作的资金流、信息流、物流有机地整合为一个系统，实现系统内良性循环。

3. 节源开支增强精益化程度

可以通过信息的实时传递将生产各个环节准确及时地衔接起来，减少时间、物

---

❶ JIT，准时生产，又译实时生产系统，简称JIT系统，在1953年由日本丰田公司的副总裁大野耐一提出，是由日本丰田汽车公司创立的一种独特的生产方式。指企业生产系统的各个环节、工序只在需要的时候，按需要的量，生产出所需要的产品。

料消耗、产品质量控制等方面的成本，实现生产的持续性改善。在企业外部，将企业业务流程运作的上游、下游与企业业务流程各环节进行整合，将企业内部流程管理与企业外部资源进行整合，实现供应链上下游产业的对接，以需求拉动生产，以生产优化资源供给，实现供应链精益管理。

三、东台市ERP软件市场前景分析

（一）总体前景分析

1. 企业用户更加趋向于定制解决方案应用与服务

东台市企业用户在管理软件方面的需求将从产品购买模式向整体解决方案购买模式过渡。在具体需求方面，将突出表现在以下两点：一是大型企业用户的投资更加务实，更加注重信息化资源整合，对于高端数据管理、系统的灾备管理及基于网格应用的系统管理等软件需求增长；二是政府职能转变与IT应用相辅相成，电子政务的推进促使政府部门逐渐向"服务政府""透明政府""效能政府"转变，我国规划用5年左右的时间建成国家信息安全保障体系，政府对于能比较细分、价格比较适中的解决方案，如项目管理系统、工程管理系统、协同办公系统等等。

2. 应用软件企业将逐步拓展产品应用领域

行业应用软件在中国软件产品市场中占据最大的比重，将是软件行业发展的重要动力。未来几年，传统产业改造升级以及行业信息化发展步伐的加快，将对行业应用软件产生巨大的需求。从经济发展的角度来看，传统产业改造将为应用软件的发展创造良好的市场条件。同时，具有一定品牌和市场优势的软件企业也为行业应用软件发展奠定了良好的基础。因此，应用软件企业将会拓展产品领域，在重点发展金融、电信、政府、教育、能源等行业应用软件的同时，全方位打造数条纵向产业链，如机械电器、石油化工、纺织服装、食品饮料、建筑材料、医药化工、汽车等行业应用软件，也形成行业竞争的新优势。

3. ERP产品将满足两极应用

随着信息化建设的推进，企业对ERP软件的需求将逐步增大。其中，大型企业的信息化管理起步较早，对ERP软件需求的市场空间逐渐缩小。但是，加入WTO

后,大型企业不得不面临新的竞争环境,企业的组织结构、业务流程和管理思想都必须做出新的调整,能够适应集团化、网络化的ERP软件将因此成为大型企业的主要目标产品。从行业角度来看,电信、金融、流通等领域将逐步放开,使得国内竞争国际化,ERP软件将成为这些行业提高整体竞争能力的主要手段。从中小企业的情况来看,尽管中小企业信息化管理起步较晚,但中小企业越来越注重自身的发展,越来越多的中小企业已经意识到信息化的重要性和迫切性。因此,中小企业逐渐呈现对ERP软件的旺盛需求态势,必将成为未来中国ERP软件市场非常重要的部分。目前市场上主流的ERP厂商纷纷推出了针对高端和中低端用户的ERP产品,并逐步为用户所接受,未来这一趋势将继续延续,ERP产品在大行业用户和消费市场中都将获得更广泛的应用。

(二)ERP产品趋势

随着ERP不断的发展,ERP的管理范围有继续扩大的趋势。Internet和Intranet技术使企业内部和企业之间的信息传递更加畅通。面向对象技术的发展使企业内部的重组变得更加便捷。计算机技术的不断发展,为ERP的发展打下了坚实的物质基础。

与此同时,全球化市场的形成和不断发展,多企业合作经营生产方式的出现,使得ERP将支持异地企业运营、异种语言操作和异种货币交易。企业不断进行经营过程重组将使得ERP支持基于全球范围的实时的、可重组的过程的供应链及供应网络结构。制造商需要灵活性与灵敏性,以适应新的生产方式与经营实践,这使得ERP也必须越来越灵活的适应多种生产制造方式的管理模式。

因而,东台市企业中ERP的系统架构也将更加先进。从而确保在未来的发展中客户能在任何地方、任何时间使用任何设备访问企业信息资源,处理商业事务等。在体系结构上将形成一个以客户为中心的、基于互联网应用的,由数据层、N层业务层、表示层组成的多层架构的平台型管理信息系统。具有跨操作系统平台和跨数据库平台的能力等。

1. 网络化趋势

随着Internet用户的增加,电子商务的交易额急剧上升。1995年全球电子商务交易额只有2亿美元，1997年达27亿美元，1998年380亿美元，1999年980亿美元，2000年2000多亿美元。一些权威机构估计，今后电子商务将以每年翻一番的速度增长。我国在1997年开始实施网上销售、网上拍卖等电子商务网站已达到600多个，并且继续以每天5家以上的速度增长，据统计2000年中国网上交易额达4000万美元，到2003年中国将会以38亿美元成为仅次于美国的全球第二大电子商务市场，电子商务时代已来临。东台市作为沿海经济的发展重点之一，未来网络化必定会达到一个新的高度。

首先，由于Internet大大缩小了时间和空间的距离，未来东台市企业内部部门和员工之间的沟通模式将有很大变化。在执行一项业务流程时，无论该项业务涉及的员工或经理是否在同一物理位置或网络上，业务的处理将会同样顺利进行。其次，随着Internet和电子商务的广泛应用，企业对外的接口界面大大扩展。传统的系统一般只能提供电脑终端给系统使用者，而电子商务时代的终端除了电脑之外，还有更广泛的各类数字终端，如电话、电视等。再次，企业管理的内涵也在进一步的延伸，除了传统的企业财务、库存、销售、采购、生产等管理以外，涉及整个企业价值链的许多环节也被要求进入管理范畴。

同时，电子商务企业要求企业管理软件在技术上具备一些新的特点，主要包括：跨平台运行、支持多种应用系统数据交换、分布式应用系统、多语种支持、支持智能化的信息处理功能、具备可扩展的业务框架、支持更广泛的应用界面。中国东台市的企业管理软件的发展必须要兼顾电子商务时代对企业的经营模式提出的新要求，以及对企业管理软件在技术上提出的新要求。

2. 盈利化趋势

与中国的其他软件不同，ERP行业没有市场导入期的暴利阶段，而是先"战略性亏损"，后盈利。由于开发成本及实施费用高昂，加上市场的低价竞争，以及用户投资不到位等诸多因素的影响，国内ERP厂商的经营一直处在如履薄冰，艰难维系的局面。但2004年以后，这种局面得到了一定的改善。国内ERP厂商在经过了巨额资金的研发投入以及多年的应用实践后，产品正日益成熟。由于很多厂商在产品技术及开发模式的创新，使得ERP产品的客户化工作量大大降低，实施周期由过去2～3年降低到目前的半年左右，有的中小企业ERP系统1个月内通过安装培训就能正常上线运行,这为东台市的ERP厂商实现盈利提供了可能。

不仅如此,东台市ERP厂商还有很多成本降低和市场盈利的空间。相对于欧美市场,国内ERP厂商的研发费用较低。从国内企业在ERP上的实际投资水平方面来看,ERP厂商的研发成本及实施费用仍然居高不下。如果东台市ERP厂商能够利用地缘优势,在国内经济欠发达城市设立软件加工厂或通过与地方高校合作,把ERP产品的部分研发任务外协或分包出去,这样会大幅度降低ERP厂商的研发成本,从而提高自身盈利能力。

四、结论

本文通过对东台市环保发电有限公司具体实施ERP的情况,得出了ERP系统软件在东台市企业中具体的实施效果。既为企业建立完整预算管理体系提出建议,又可以规范企业合理的业务处理流程。但是,在具体的实施中还是有部分问题需要完善。首先,企业的模块化应用较多,可其系统化应用并不多、精益化应用程度也比较低。所以我们针对这些问题提出了从模块化走向功能化、逐渐加深ERP系统化和节源开支增强精益化程度这三个解决的办法。

与此同时,本文还对ERP在东台市的总体的发展前景作出了分析,我们认为未来企业用户将更加趋向于定制解决方案应用与服务,相应的,应用软件企业也将逐步拓展产品应用领域,ERP产品也将满足两极应用。在未来ERP在东台市企业中的应用将会有网络化和盈利化的趋势。

参考文献

[1] 罗永强. 中小企业ERP实施与应用研究[D]. 广州:广东工业大学, 2013.

[2] 仲秋雁、闵庆飞、吴力文. 中国企业ERP实施关键成功因素的实证研究[J]. 中国软科学, 2004(2).

[3] 杜裕东. ERP软件在我国企业应用的现状分析与对策思考[J]. 电子制作, 2014(5).

[4] 詹红雨. 企业ERP系统的研究和实施[D]. 成都:电子科技大学, 2006.

[5] 闵庆飞. 中国企业ERP系统实施关键成功因素的实证研究[D]. 大连:大连理工大学, 2005.

[6] 赵河. ERP在我国的发展现状及发展趋势[J]. 电脑知识与技术, 2005(2).

[7] 赵春艳,于立. ERP在我国的应用及发展趋势分析[J]. 现代情报, 2003(12).

[8] 李小燕. 浅谈ERP及其在我国的发展[J]. 嘉应大学学报，2001(10).

[9] 章丹. 论ERP在我国企业财务管理中的应用[D]. 北京：对外经济贸易大学，2011(12).

[10] 蒋明炜. 追溯ERP的兴起、把握ERP应用成败关键[J]. 中国机电工业，2014(11).

[11] 马建明. ERP在我国企业会计应用中的问题及对策[J]. 财经界，2014(11).

[12] 贺继文. 基于ERP环境的供电企业财务内部控制制度[J]. 中国市场，2014(12).

[13] 李新瑜. ERP在企业经济管理中的作用探索和实践[J]. 商场现代化，2014(10).

[14] 韩冰. ERP在实施过程中的问题及解决对策[J]. 经济师，2015(1).

[15] 黄海燕. 中小企业如何用好ERP[J]. 现代商业，2014(4).

[16] 林健，张玲玲. ERP的未来发展趋势研究[J]. 系统工程理论与实践，2002(4).

[17] 丁薇. 浅谈ERP的未来发展趋势分析[J]. 信息系统工程，2014(7).

[18] 羊丽丽、金敏力. 浅析中国ERP的未来发展[J]. 办公自动化，2004(6).

附录：

1.东台市环保发电有限公司简介

东台环保发电有限公司位于江苏省东台市，成立于2002年5月10日，由6家单位共同投资组建。具有员工素质最高、品牌效应最佳、投资经验最丰富、成本控制能力最强、产业链最完备、企业管理最规范、资源储备量最大、整体效益最好等"八大优势"，是集产品制造、科技研发、项目开发及建设运营一体化的优秀企业。公司6台机组装机总容量1470 MW，于2004年12月全部并网发电。目前，公司正利用自身的能源优势，积极开发中密度纤维板等项目，走多种经营发展的新路，形成以电力、热能和人造板并举的多种经营格局，以促进企业持续、健康、稳定发展。

2.ERP在企业中的业务流程

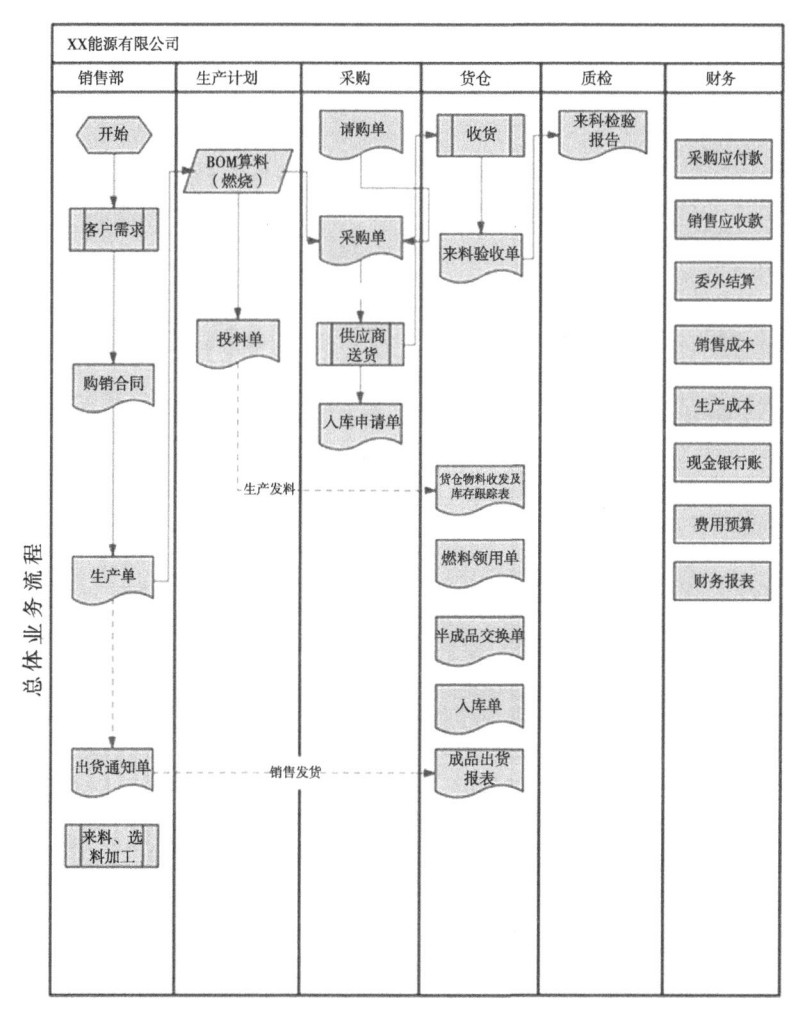

点评：

　　ERP在东台企业中的实际应用状况及发展前景，这一选题具有一定的现实意义。但仅有一个企业的例子，可能会以偏概全，建议增加例证。如果按照这样的逻辑顺序会更好：首先介绍ERP在企业运用的意义目标；其次介绍在东台市企业运用的总体情况；再次以一典型案例作分析；最后总结。

张　泰

浅谈旅游景区标识语英译现状及规范建议

学生姓名： 韩凤荣
指导老师： 张　峥

　　摘　要： 随着我国对外开放水平不断提高，旅游业也随之蓬勃发展。中国通过其强大的文化软实力和良好国际形象吸引着越来越多的外国游客。此时，翻译不仅起着跨文化交际的作用，而且成为了帮助外国友人了解中国物质文化的桥梁。但是，我们不难发现国内很多旅游景区的标识牌存在翻译错误，如拼写错误、用词不当、语法错误、中式英语、文化误解等。因此，规范旅游翻译成为亟待解决的课题。
　　关键词： 景旅游区　双语标志牌　英译

一、规范景区标识语的意义

　　随着我国对外开放水平和国际形象的提高，来华旅游的外国游客越来越多。景区翻译更是一道不可或缺的亮丽风景线，彰显景区特色，反映城市文化素质。为体现一个景区的地域文化与精神状态，会在景区内设置文化知识性的宣传标识，如对一些文化遗址、优美风景进行介绍等。但如何将其文化内涵准确传达给外国游客，这需要译者扎实的语言功底和丰富的文化背景知识。因此，规范旅游景点翻译是我们刻不容缓需要完成的任务。本文主要涉及到了一些旅游景区标识语存在的翻译问题以及解决建议。

二、景区标识语翻译存在的问题

规范的双语标识语传达的不仅仅是正确的景区信息，而且帮助了外国游客了解中国历史和文化。但目前，北京市的旅游景区翻译或多或少的存在一些问题，如拼写错误、用词不当、语法错误、中式英语等。

（一）拼写错误

拼写错误是在翻译过程中最不应该但最常出现的错误，这可能是由于疏忽造成的。但这一个小小的错误可能不会影响外国人的理解，如果此类错误继续被忽视，将会大大降低整个景区的质量与形象。如："No Smaking"或"No Smokeing"（正式形式为：No Smoking）；"Cavtion，Wet Floor"（正式形式为：Caution，Wet Floor）。

（二）用词不当

用词不当主要指一个单词或短语其字面的意思同实际含义不甚相符，或相去甚远，甚至风马牛不相及的语言现象。有的景区将"小心碰头"被译为"Pay Attention to Your Head"，意思为"小心你的脑袋"，外国游客看到后还可能会以为来这旅游，自己的脑袋会搬家，其实译为"Mind Your Head"即可。"问讯台"被翻译为"Question Authority"，这种翻译方法也有按逐字翻译之嫌，而地道英语为"Information Booth"。对于一些容易混淆或不确定的词，更应该谨慎使用，切忌在没有弄清楚含义之前就使用，以免贻笑大方。

（三）语法错误

语法错误表现于在词的形态变化、词性、时态、语态等方面的错误。例如，"小心台阶"被译为"Take care of the step"，应该英译为"Be careful of the step"。又如，有的景区将"禁止吸烟"译为"Please do not smoking"，但是根据英语语法，"smoking"应为动词原形"smoke"，因而建议翻译为"No Smoking"。类似于此语法错误的还有"禁止攀爬"译为"Please do not Climbing"，应将"climbing"改为"climb"但最后译为"No Climbing"。还有"请勿触摸"译为"Please do not touching"，应将"touching"改为"touch"，最好译为"No Touching"。与此类似的语法错误例子还有很多，如"禁止游客通行"被译成"Passage Prohibit Tourists"，正确的写法应为"Tourists Prohibited"。

(四) 中式英语

中式英语（Chinglish）指带有中文词汇、语法、表达习惯的英语。在使用英语时，因受汉语思维方式或文化的影响而逐字硬译，拼造出不符合英语表达习惯或语法的，具有中国特征的英语。这是中国人在学习英语过程中出现的，是必然的一种语言现象。如"残疾人厕所"被译为"Deformed Man Toilet"，应译为"Handicapped Restroom"；有的地方将"游客止步"译成"Tourist stops"，地道表达法是"Staff Only"；"禁止下湖游泳"被译成为"Prohibited under the lake swimming"，而"No Swimming"即可正确传递禁止游泳的信息；"禁止自由垂钓"被翻译为"Prohibited the free fishing"，而应为"No Fishing"。

三、规范景区标识语的建议

以上实例都是景区标识牌翻译中出现的"硬伤"。那么该如何规范景区标识牌翻译呢？这就需要做到以下三点。（1）高度重视景区翻译。标识语是旅游景区语言环境、人文环境的重要组成部分。外国游客在陌生的国度语言不通，只能通过这些景区英文标识语来认识了解中国文化。不规范的旅游景区翻译不仅降低了整个旅游景区的质量，更加会对整个城市的文化素质和教育水平造成不良影响。因此，我们应该给予景区标识牌翻译高度重视。（2）加强翻译素养。作为一名译者，不仅要有扎实的语言功底、广博的知识和翻译技巧，还要有高度的责任心和谨慎的工作态度，严格要求自己。（3）纠错整理。既然已经意识到了问题，那么就要付诸于实际行动。建议请相关专家学者组织力量找出错误并提出修改意见，这对确保标识牌英译的规范性和正确性至关重要。

四、结语

景区标识牌是传递景区信息的服务系统，是景区使用功能、服务功能及游览信息的载体，是旅游景区设施完善不可或缺的一部分。尽管相关部门在完善旅游配套设施和提升服务水平等方面采取了不少措施，但是，如果忽视不规范的景区翻译而致使其"泛滥成灾",那么也会直接影响到外国游客对中国的印象。平心而论,如果我们在异国旅游,看到不规范的汉语提示语,我们又有何感受呢?所以,规范景区翻译是必要且亟待完成的任务。

参考文献

[1] 梅州旅游景区标识语英文翻译存在问题及对策[J]. 嘉应学院报(哲学社会科学),2011(7).

[2] 高睿,鲍月玲,陈梅. 河南省旅游景区标识语英译现状调查分析[J]. 论坛集萃,2011.

[3] 黄鸣. 旅游景区双语标牌英译质量亟待提高[J] 绵阳师范学院学报,2008(12).

[4] 叶子南. 高级英汉翻译理论与实践[M]. 北京:清华大学出版社,2013.

[5] 北京公共场合双语标识英文译法(旅游景区)[EB/OL].(2010-4-10)[2014-1-5]. http://www.docin.com/p-803285080.html.

点评:

1. 适用性评价:适合大学生科研训练项目选题。

2. 论点与论证过程评价:论文观点正确,调研工作比较充分。

总体上,对于大学生来说,是个较好的研究成果,有一定的实用价值。

多俊岗

银行贷款项目评估所存在的问题

学生姓名： 涂瑞芳　谢心怡
指导老师： 秦艳梅

摘　要： 为应对国际金融危机以及国内经济下滑风险，国家出台了4万亿刺激经济的计划。随着项目纷纷上马，与之相配套的银行项目贷款也出现大规模增长。虽然总体上讲，银行机构对固定资产投资项目贷款资金管理均较为重视，但项目资本金管理中仍存在一些亟待关注的问题。我们就针对这些问题提出一些建议，希望对银行贷款项目评估些改进作出一些贡献。

关键词： 银行　贷款　对策

一、银行贷款项目评估的发展现状

随着经济的发展，因银行间激烈竞争所造成的信贷风险的加剧，从而促使各银行越来越重视对贷款项目的评估。现阶段融资主体的日益变化、企业投资的日益增多、针对融资方式的评估技术及评估重点具有多样化的特点。本文以陕西省世行贷款项目为例，在对现有的项目贷款评估进行概述的基础上，对项目贷款评估进行研究，具体分析了其中的不足，从而提出了改进的建议。

二、银行贷款项目评估中的主要问题

（一）项目评估方法，评估机制不完善

（1）银行在贷款评估前对企业管理评估的弱化或者缺失。在我国，银行在对企

业进行贷款之前，都会对该企业所要投资的项目进行一定的评估，评估的主要内容包括原材料、技术能力、工艺设备、环境保护、市场环境、投资风险等方面。而在实际进行评估时，绝大多数银行都是按部就班地按照企业提供项目的相关可行性书面研究报告，企业为了能够创造更大的机会，在这方面动了一些手脚，使其中一些信息缺乏真实性。最重要的因素是，负责该项目的管理者、项目管理的相关规章制度和程序等很多信息在可行性研究报告中并没有体现出来，因此，银行的项目评估报告中的信息也不是全面的。

（2）银行对企业在贷款应用中企业管理情况监督缺失。银行贷款申请通过，贷款下发之后，资金的运用状况银行就难以得到有效的控制，这时资产的负责和使用者会由企业进行控制。而银行贷款是否能够得到充分利用、是否安全，关键取决于企业的管理水平和企业管理者自身的管理能力。就目前而言，我国银行的信贷人员对于贷款之后企业的管理情况监督缺失，对贷款企业的监督力度较差，管理水平降低，银行对于这些企业的高层管理者及企业的管理水平并不清楚。事实上，造成这一原因不仅仅只是银行的失职，企业在这方面也有一部分原因。企业在贷款下发后管理者就很少再去银行与工作人员沟通，企业的管理情况自然也就没有说明。银行在日常监督管理时也只是走访查看企业的财务报表或者是担保抵押情况，面对的是一些报表和工作人员，对于企业实际管理水平难以掌握。例如，企业出现难以清偿贷款时，银行和企业的工作人员只是对产品、国家政策、原料或者是生产技术进行分析，几乎没有往管理方面去想。

（二）过度依赖可行性研究

可行性研究一般都是从股东角度出发的，而股东对风险的接受程度与债权人是不一样的，因此对项目的评估可能会有不同的结果。但目前由于人员的专业水平和素质、银行本身的评估能力等因素的制约，银行在对贷款项目进行评估时，过度依赖可行性研究，使银行的项目贷款评估结果的公允性有待商榷。

（三）财务评估中各项相关指标及不确定性

（1）若内部收益率法适用范围窄，当对非常规投资项目进行评估时，用传统的内部收益率指标可能会有多解或无解，但这些可能不是真正意义上的内部收益率，这样利用传统的内部收益率指标就无法评价该项目的经济性。

（2）财务评估中偿债能力被低估，建设项目的固定资产投资借款总额是由分布在建设期不同年份的多笔借款组成，但现行的借款偿还期是用最后一笔借款的偿还期作为项目的借款偿还期，这样造成低估其清偿能力。

（3）财务评估中不确定性分析不合理，不确定性分析中的敏感性分析中有一条假设前提是各因素的变动幅度是一致的，在此前提下，来确定影响项目、需要企业密切关注的敏感因素，但实际上各因素的变动幅度不一致，这导致现行的敏感性分析判断出的敏感因素存在不合理之处。不确定性分析中的盈亏平衡点分析，没有考虑时间价值，使计算出来的盈亏平衡点也不合理。

（四）政府相关文件的滞后性

政府的有关批文存在着一定的滞后性，此类贷款多属于固定资产贷款，有些项目在申请银行贷款时，国家政府的整体规划、有权审批部门的项目立项都没有完全落实，使得银行在审批此类贷款时缺乏完整的审批依据。在银行执行政府的相关文件的时候偶尔会受到领导的介入以及制约或是人情往来等问题，这都是导致政府相关文件不能及时的落实和贯彻，从而使这些政策对银行贷款项目评估具有一定的滞后性。

（五）借款主体的资格问题

各市、区政府在进行城市基础设施建设项目时都另外成立了具有独立法人资格的企业，这些企业一般是政府对外举债的融资窗口，自身实力并不一定符合银行借款的资格。不仅仅要看是否具有法人资格，其所有制的性质也很重要，若借款主体的所有制性质并不符合贷款银行的要求也是枉然。最为主要的是借款主体的生产经营状况，需要关注是公司的财务状况及它的还款能力有没有达到要求。在评估时也要适时地考虑借款主体的环保问题是否做到排放标准或产品是否是绿色环保的。

三、案例分析

黄土高原水土保持世行贷款项目（以下简称世行贷款项目）是利用国际开发协会（IDA）贷款，在山西、陕西、甘肃、内蒙古4省（区）实施的水土保持综合治理开发项目。项目目标：一是改善项目区农业生产条件，促进当地经济可持续发展，促进项目区农民尽快脱贫致富；二是改善黄土高原水土流失区生态环境条件，减少入黄泥沙。

山西省世行贷款水土保持项目是总项目的一部分，项目建设的主要内容有梯田、淤地坝、治河造地、果园、经济林、水土保持林、种草、苗圃等。项目实施期8年（1994~2001年），总投资5.31亿元人民币，其中世行贷款3700万美元（折合人民币3.22亿元），国内匹配2.09亿元人民币。

（一）项目区域选择与概况

根据生态环境、自然资源特点和国民经济发展的要求，遵循"改善生态环境，扶持群众尽快脱贫致富"的宗旨，项目区的选择主要考虑以下两点。

1. 水土流失严重，生产条件恶劣，人民生活贫困

项目区均属黄河一级支流或泥沙直接入黄的多沙粗沙区，为全省水土流失最严重地区。水土流失不仅造成黄河下游河床淤高，破坏水利设施，严重威胁着黄河下游人民生命财产安全，而且还导致当地土地生产力逐年下降，耕地面积不断减少，自然灾害频繁发生，农业产量低而不稳，人民群众生活贫困。

2. 具有较大的综合开发治理优势和潜力

项目区社会经济的发展虽存在一定的实际问题和困难，但也蕴藏着较大的发展潜力和综合开发优势。一是土地资源广阔，产业结构调整有较大的回旋余地，资源开发潜力巨大；二是劳动力资源丰富，能满足项目建设的需要；三是社会基础良好，项目区群众有多年治理水土流失的经验，当地政府和农民群众对治理开发具有强烈的愿望和积极性。

（二）项目管理

为提高项目管理水平，省、地、县、乡四级均建立了专门的项目管理机构，明确管理权限及职责，确保项目建设顺利进行。

1. 组织机构与职责

省、地、县均成立项目领导组及项目办公室，乡设项目执行组。省、地、县项目办均为政府职能部门，挂靠同级水利水保局，承担项目实施中的一切具体工作。

2. 项目管理

（1）财务管理。项目的配套投资由省项目办按项目规划统一支配使用。省项目办在审批下年度实施计划的同时，制定出年度资金使用计划，年初分别向省计划委员会（后改为发展和改革委员会）、财政厅、扶贫办提出用款计划和下拨方案，按一定的程序将资金下拨到项目县，由县项目办按计划统一使用。中央配套资金部分由省项目办通过地区项目办逐级下达到县项目办，地区配套资金按计划配套下达。

世行贷款到省后，由省财政厅将外汇兑换成人民币，按工程报账情况通过地区财政将贷款转贷到县。申请项目贷款的单位或个人须同县项目办签订协议，经公证担保后方能放贷。项目实行定期验收，按季报账，逐笔放贷的原则。谁贷谁还，按照放贷合同限期回收贷款。回收后的贷款要逐级上交，最后由省财政厅统一归还财政部。

（2）工程管理。淤地坝、治滩等工程项目，按照水利部颁发的《水土保持技术规范》和省颁有关水土保持技术规范要求进行规划、设计和施工。工程项目根据国家规定程序进行审批，未审批的工程一律不准开工。所有淤地坝及治滩工程都必须由县级以上水利水保部门规划设计，县项目办派专人负责施工。工程竣工后由县项目办提出验收申请，省、地项目办联合验收。

项目在实施过程中如确需调整或变更计划，由地县项目办逐级向上提出申请，由计划下达部门和原批准单位审批。大的方案调整由省项目办上报中央项目办，并请示世界银行，批准后方可变更。

（三）项目投资分析

1. 概算依据

该项目自1990年开始准备，1994年开始实施，2001年结束，建设期8年，有关的经济参数采用1993年的指标，包括汇率、物价波动指数（人民币、美元），投入物单价根据各种物资的特点采用不同的方法定价。

2. 概算定额

本项目是一个综合项目，每项措施的定额采用不同的方法确定。沟道工程如骨干坝、普通淤地坝，采用建设所需材料、机械、柴油、劳动力等的用量计算定额；

植物措施如造林、种草，根据单位面积的种植密度及整地要求计算所需子种、苗木、材料、机械、柴油等，然后确定其单位面积造价；培训、监测评价中涉及的建筑物根据建筑面积和建筑要求，按国家有关规定制定各类定额；科研、监测、培训所需的各种仪器设备，按各地项目计划确定。

3. 计算结果

本省项目总投资53000万元左右，其中直接费37000万元左右；自然不可预见费1800万元左右，物价波动费13000万元左右。

（四）经济效益评价

经济效益采用Far mod软件进行分析，分析结果为：在包括减沙效益的情况下，项目净现值为28000万元左右；在不包括减沙效益的情况下，项目净现值为2500万元。

通过项目经济效益分析可知，项目具有较好的经济效益和还贷能力，项目实施可行。

四、改善银行贷款项目评估的对策

（一）建立完善的评估数据体系

必须加强项目评估基础性工作的建设，特别是包括市场信息在内的贷款评估所用的数据库的建设。因为在市场经济条件下，市场变得难以捉摸，要想提高项目贷款评价质量，就必须大量收集、整理与分析各类信息，为评估工作提供有价值的参考数据，尽快建设较完整的评估数据体系，要做到这一点则有赖于以计算中心各类数据库的建设与开发利用。

（二）改进不确定性分析方法，加强公允性

由于敏感性分析没有考虑各因素对各评价指标的实际影响程度，为弥补敏感性分析的不足，提出敏感极差分析法。敏感极差分析法将各因素实际变化状况与其对平价值的敏感程度结合起来分析，尤其是考虑了风险因素导致风险发生的可能性大小，其分析结果比敏感性分析更全面、客观。在不确定性分析指标中引入一个新概念——动态盈亏平衡分析，动态盈亏平衡分析考虑了项目初始投资中资金的时间价

值，可以有效地避免因忽略时间价值而对项目风险大小错误判断的出现。

（三）修正内部收益率

以基准收益率为折现率，将所有的净现金流出折成现值（初始投资），将所有的净现金流入折成项目经济寿命期期末的终值（最终收益值），是最终收益值折现后与初始投入值相等时的折现率，即为修正内部收益率。修正内部收益率计算过程简单，同时避免了传统内部收益率法可能出现的无解或多解的问题，且利用该方法进行评价，避免了利用试差法计算带来的误差，所以该方法在对非常规项目评估时完全适用。

（四）明确贷款主体的还贷能力

改进偿债能力分析方法。由于项目建设期各年借款的偿还期长短不一，建议采用各笔借款偿还期的加权平均值，作为项目整体的借款偿还期，其中权数为每笔借款金额占借款总额的比例。借款偿还期改进的基本思路实现分别计算每笔借款偿还期，在加权计算项目整体借款偿还期，这种改进方法对于反映项目的真实偿债能力，完善项目贷款评估方法具有实际意义。

综上所述，商业银行项目贷款评估在评估方法和评估机制中存在不足，致使项目贷款评估不能很好地发挥风险防范作用。针对这些存在的问题，应在评估方法上严格区分可行性研究和项目贷款评估，改进并引进新的财务评估方法，如修正内部收益率、明确规定还贷能力等。同时，在评估体系上应建立完善的评估数据库，并结合项目贷款后评价的结果不断完善贷款项目评估。

参考文献

[1] 徐湘渝. 银行贷款项目评估[J]. 中国财政经济出版社，1992.

[2] 周惠珍. 投资项目评估方法与实务[M]. 北京：中国计划出版社，2003.

[3] 许朝晖，马军. 银行项目贷款后评价初探[J]. 中国城市金融，2005(5).

[4] 王朝军. 银行项目贷款风险防范探讨[J]. 西南金融，2006.

点评：

大学生创新与实践

  本文在现有的项目贷款评估进行概述的基础上，对项目贷款评估进行研究，具体分析了其中的不足，提出了改进的建议。选题有一定的价值，符合大学生社会实践选题。文章语言流畅，是一篇优秀的社会实践论文。

秦艳梅

大学生就业困难原因的分析报告

学生姓名：吕思涵　焦楚然　刘思辰　李　丽

指导老师：马浩辉

摘　要：在当代社会，由于人们越来越重视文化，也越来越重视通过学习来培养人才这一方式。各大高校大学生毕业之后，找工作难成为困扰很多大学生的一个大难题。为了提高大学生的就业率，我们针对当代大学生就业难的现状，以当代大学生和一些企业为对象通过访问等方法进行调查，了解了这些大学生在就业上的想法以及他们未来想从事的职业等。

关键字：大学生就业　人才浪费　自主创业

一、研究的原因和目的

（一）调研原因

为了提高大学生的就业率，并且针对当代大学生就业难的现状，我们分别对当代大学生和一些企业进行了访问以及研究。通过访问对他们进行了调查，了解了这些大学生在就业上的想法以及他们未来想从事的职业等。

（二）调研目的

通过本论文的调研，虽然不能从根本上解决大学生就业难的现状，但是还是希望为大学生就业难的现状提供一些实质性的帮助，尽可能地提高毕业大学生就业成功率，使社会能够最大程度上解决当代毕业大学生找工作难的问题。

二、调研方法

2014年12月10日，我们学校举办了每学期一次的双选会，一共有70多家公司来我校进行招聘，学校举办双选会的目的在于帮助大四即将毕业的学生找到实习工作，这些岗位大多也都符合学校的专业。我们的调研就是利用这次企业进校园的机会，同时进行对企业和应届毕业生进行调查。

（一）调研方案

我们对这70家大部分公司以咨询和调查问卷的形式展开调查，其中北京肯德基有限公司（百胜）的招聘学历要求为大专以上，他们主要注重长久发展，不注重专业，要求员工要有正面、积极的心态，思维较开拓，综合素质较高，表达能力强。

访问过70多家企业后，我们又对招聘会投简历的大四学生们进行了访问，主要是对他们的就业规划、职业期望进行了询问。对大四学生的访问可以总结为以下三点：

（1）职业目标模糊，缺少长远的职业计划；

（2）不接受低薪的职业；

（3）欠缺对企业的忠诚度，责任感较低。

为了我校的应届毕业生能够在今后的工作中多了解就业信息，我们针对"企业最需要哪些人才""企业最缺乏什么学历的人才"等问题做此"企业人才需求状况调查问卷"，希望对我校学生有所帮助。其调查结果如下（通过学校招聘会所得）。

根据表1的调查结果显示，企业需要的财务人员占据17.5%；人力资源管理人员占据23.75%；营销人员占68.75%；专业技术人员占16.25%；研发人员占11.25%；一般生产员工占6.25%；其他占15.0%，无专业限制占2.5%。在这份调查问卷中我们发现，当下市场的一些企业最需要的是营销人员。这说明，企业比较重视的是人才的营销手段，怎样将自己的产品或者案例通过营销手段推销出去，这才是企业在日常工作中的根本。要求应届毕业生要努力提高自己的营销能力，以适应市场和企业的需求。

表1 企业需要哪些人才

	财务人员	人力资源管理人员	营销人员	专业技术人员	研发人员	一般生产员工	其他	无专业限制
百分比(%)	17.5	23.75	68.75	16.25	11.25	6.25	15.0	2.5

根据表2的调查结果显示（通过学校招聘会所得），当代市场上的一些企业缺乏初中及以下学历的占据1.25%；高中（中专）学历的占据10%；大专学历的占60%；本科学历的占55%；硕士研究生学历的占11.25%；博士研究生占3.75%；无限制的占6.25%。根据这份调查问卷我们可以看出，企业最缺乏的是大专学历的人才。这说明，一些企业在经营的过程中，比较注重对专业技能较强的人才的纳用，这就要求当代应届毕业生要不断提高自己的专业技能，了解市场的行情，以获得就业机会。

为了了解企业对应届毕业生的能力方面的要求，我们对北京市一些比较大型的企业进行了走访调查，并对此做了一份问卷调查，其调查结果如下。

表2 企业最缺乏什么学历的人才

	初中及以下	高中（中专）	大专	本科	硕士研究生	博士研究生	无限制
百分比(%)	1.25	10.0	60.0	55.0	11.25	3.75	6.25

根据表3的调查结果显示（通过学校招聘会所得），企业对应届毕业生在英语四级方面的要求占24.0%；对会计从业资格证方面的要求占16.0%；对初级会计师方面的要求占1.0%；其他占36.0%；无要求的企业占23%。根据这份调查问卷我们发现，只有一少部分企业的要求比较高，要求应届毕业生必须有初级会计师证才能上岗，而大部分企业对应届毕业生的要求不仅仅局限在有什么证书上，更多的企业还是要求应届毕业生有工作经验、对工作认真负责、态度认真等等。所以，应届毕业生应努力培养自己的综合素质能力，不断提高自己对工作认真负责的态度，还要

多去实践，多积累一些工作经验，以便适应企业对自身能力的要求。

大部分应届毕业生在去找工作的过程中，比较关注的问题就是企业的待遇问题，包括企业分发的工资待遇、企业是否有"三险一金"等问题。针对这两个问题，我们对一些企业进行了问卷调查，其调查结果如下（通过学校招聘会所得）。

表3 企业对应届毕业生能力的要求

	英语四级	会计从业资格证	初级会计师	其他	无要求
百分比（%）	24.0	16.0	1.0	36.0	23.0

根据表4的调查结果显示，对调查的所有企业来说，他们给应届毕业生的月工资都在1000元以上。工资在1000元~3000元之间的企业最多，占据56.0%；工资在3000元~5000元之间的企业占28.0%；工资在5000元以上及不确定的企业占8.0%。根据调查结果我们发现，大部分企业给予应届毕业生的工资都是在1000~3000元之间不等，而有一部分企业还是会根据应届毕业生的能力、对待工作的态度及他们的专业技能等方面的表现或者能力，对他们分发不等的工资。

表4 企业的工资待遇

	1000元以上	1000元~3000元	3000元~5000元	5000元以上	不确定
百分（%）	100.0	56.0	28.0	8.0	8.0

根据表5的调查结果显示（通过学校招聘会所得），为员工提供医疗保险和养老保险的企业各占据24.0%；为员工提供失业保险的企业占了22.0%；为员工提供住房公积金的企业占了19.0%；还有11.0%的企业没有为员工提供"三险一金"的待遇。根据调查结果我们发现，为员工提供医疗保险和养老保险的企业最多，共占48.0%。所以我们得出结论，我们国家的一些大型企业对员工在"三险一金"的问题上的制度和保障还不健全，这就要求我们国家有关部门要引起高度重视，建立健全的"三险一金"保障制度和政策，以便能够保障企业员工的待遇问题，让企业员工能够安心、放心地在企业工作。

表5 企业是否有"三险一金"

	医疗保险	失业保险	养老保险	住房公积金	无
百分比（%）	24.0	22.0	24.0	19.0	11.0

四、调研数据分析

（一）原因

1. 社会原因

大学应届毕业生人数迅速增加，初次就业率逐年下降。因为各大高校连年大规模扩招，按国际标准，我国已进入高等教育"大众化"阶段。根据教育部统计，近年来高校毕业生数量逐年攀升，2007年全国高校毕业生为495万，2013年毕业生人数达到699万人，2014年毕业生人数继续走高，达到727万。而据预测，2015届毕业生将达到750万。

2. 用人单位的原因

首先，不少用人机构认为，学历越高越好。单位的用人标准盲目提高，追求人才高消费，追求高学历，这种盲目提高用人标准，造成了人才的浪费，给毕业生就业带来难度。其次，用人单位存在性别歧视，女大学生明显处于劣势。不少用人单位考虑女大学生生理因素、婚姻因素、成就动机及才育保险费和女工劳动保护费用等，同等情况下女大学生将来工作成本比男大学生大，这是女大学生就业难的主要原因。再次，用人单位过分注重工作经验。经验是应届毕业生最大的劣势，一些用人单位缺乏人才培养机制，希望招聘到的大学生能够马上发挥作用，创造价值。

3. 大学毕业生的原因

由于近年来高校数量越来越多，入学要求也参差不齐，再加上现在大学生在大学校园对自己的约束越来越松弛，临近毕业也不一定有足够的能力面对残酷的社会竞争，大多数毕业生往往是进入社会才开始真正学习。

4. 高校的原因

我国目前高校存在不少问题，如：重点大学的教师一般都重视科研，而对本科生教学的责任心不强；部分教师讲课满堂灌，专业知识面狭窄；高校的内部运营封闭、缺乏自我评价和改进机能；高等教育的学科结构不尽合理。

（二）解决途径

1. 企业

对于已入职的应届毕业生提高关注度，多给他们锻炼的机会，培养有潜力的人才。不要把新人才当老职员一样对待，多给毕业生机会，让他们展示才能。

2. 学校

学校应该加强学生的专业知识，扩大学生的知识面。可以开设创业相关的选修课，或在校园为学生提供一个自主创业的平台。学校还应多关注市场就业动向，开设的课程多符合市场稀缺岗位，着重培养市场稀缺人才，学校多给大四学生提供更多的实习机会，让大四应届毕业生有更多更好更安全的选择。

3. 学生

大学生在校期间可以关注与就业职场相关的公众号，了解实时就业信息，不要被某些不合法企业欺骗。对于想创业的学生可以选修与创业相关的课，并在校园就锻炼自己的管理经营能力，为自己的创业留出创业基金，打下好的基础，创建人脉圈。多参加课外学习，获得职业认证书，在校生不仅看重自己的在校成绩，还要多关注市场的职业需求，并且获得职业证书，最主要的是要学好自己的专业课程。

五、结论

归根结底，就业难最主要的因素还是当代大学生的自身问题，所以大学生应该抓住一切在校机会来丰富自己的内涵，提前做好职业规划，对自己的未来负责。

参考文献

[1] 蔡克勇.就业结构的变化趋势与高等教育结构的调整（上）[J].理工高教研究，2002(4).

[2] 张进.提升就业能力：缓解大学生就业难的重要选择[J].高等教育研究，2007(12).

[3] 宋爱忠. 当下中国大学生失业的原因分析[J]. 社科纵横，2006(9).

点评：

1. 适用性评价：适合大学生科研训练项目选题。

2. 论文论点与论证过程评价：文章观点正确，研究过程细致，深入分析了当前大学生就业难问题的现象、原因，并给出了解决的建议。对于大学生来说，是个较好的研究成果。

3. 存在的问题：在调研方案一节中，条理性较差，建议修改。

赵秀池

北京工商大学嘉华学院大学生股票投资行业调查报告

学生姓名：张雨露 周宏杰 郑拓斌

指导教师：俞爱群

摘 要：为了解90后在校大学生股票投资行为的原因，我们采用《90后大学生股票投资调查问卷》方式，对北京工商大学嘉华学院500名在校大学生进行随机抽样调查，并对其中参与调查的样本进行统计分析。结果显示，参与股票投资的学生存在年龄、性别、投资习惯、专业分布上存在差异，而且许多学生投资上存在不合理理念。因此，应积极引导大学生合理投资观念，加强投资理财教育。

关键词：大学生 股票投资 理财教育

一、调查的原因及意义

经济的强势发展带动了金融市场的繁荣，在股票市场不断突破新高的同时，各行各业的人们也涌入了股市，大学校园作为社会的一个缩影，大学生参与股票投资同样也成为了热点话题。近几年来，大学生生活水平逐渐提高以及零用钱的增多，选择投资理财已成为了大学生生活的一个重要部分，并且大部分大学生将股票作为主要的投资理财方式。许多大学生在炒股时会凸显一些具有代表性的问题，如没有固定收入、缺乏抗风险能力、学业炒股不平衡等。我们针对大学生股票投资行为进行研究，将调查结果进行分析，最终给出大学生股票投资一些建设性的意见与建议。

二、问卷设计及调查实施

本研究采用问卷调查及数据分析的方法。问卷分为五部分，共二十题。第一部分：了解调查者的基本信息，包括了性别、年级、专业；第二部分：调查者是否有过证券交易的经历，是否想参与股票投资以及不想参与的理由；第三部分：调查者的股票交易过程中出现的问题，包括交易金额多少、交易金额的来源、家人的态度；第四部分：大学生在大学期间对股票交易的行为和风险的了解，其中包括影响股票投资风险的因素、参与投资的原因、知识的了解程度、了解知识的途径；第五部分：调查者目前参与投资行为的盈亏现状以及原因。此次问卷调查纸质版共发出300份，网络问卷200份，实际收回有效问卷460份，我们将这460份实际收回的有效问卷作为研究的有效样本。

（一）调查的时间与地点

调查的时间是2015年2月到4月，理由是2月是年初，春节刚过完，处于开学期，大学生返校，所以这个时间会有很多学生出现在学校附近。地点选在学校门口、教室中、食堂门口、社团内等，这样可以有充分的时间给予学生填写问卷，也有利于实时回收问卷。网络问卷通过网页链接链接给身边的同学推广发放，2015年5月统一收回。

（二）调查对象的范围以及调查方法

调查的对象是北京工商大学嘉华学院在校大学生。调查的方法是采用随机抽样法，将调查问卷随机发送给调查者，现场填写、现场收回。

三、在校大学生股票投资行为分析

（一）基本信息分析

本次调查中的男生共有236人，女生224人；大一学生91人，大二学生102人，大三学生211人，大四学生56人；金融投资类专业有338人，非金融投资类有122人。本次调查数据客观人数集中于大二和大三的学生，以金融专业的学生为主。

（二）参与投资行为分析

本次调查共460人次，其中表示已经参与过股票投资的人有363人，没有参与过的有107人，其中有79人表示没有参与过投资比较后悔，原因有：忙于学习、社团工作繁忙、基础知识不了解等，有机会的话这些人表示也想参与股票投资。

1. 性别与投资行为关系

已经有过投资行为的大学生有343人次，其中男生218人，女生125人，没有参与过投资行为的人有117人次，其中男生18人，女生99人。从分析中可以看出男生对于股票投资明显更加感兴趣，其中有92.97%的人都参与了投资行为，女生有59.42%的人也参与了投资行为。证明了大学生参与股票投资已经很普遍。

2. 专业与投资行为的关系

金融专业的学生有99%的人都参与了投资，而非金融投资的学生也有高达20%以上的人参与了投资。这说明股票投资已经开始进入大学生的日常生活中了。

3. 不想参与股票投资行为的原因分析

参与调查的群体中，很多学生忌惮股市的高风险和由于自身专业技能的缺乏，从而不敢入市。有43%的人认为自己的专业技能不足，32%的人认为风险太大，11%的人表示家人不允许，还有14%的人是其他原因。

（三）证券投资交易过程分析

1. 交易金额及来源分析

男女生投资的金额相差还是较大的，女生投资金额一般在5000元之内，男生大部分在10000元以上，其中男生为126人，女生为131人，可以看出女生投资相对更加谨慎，男生投资金额相对较大。从数据中得到其中有305人的资金都来自父母，73人的资金来自勤工俭学，54人的资金来自奖学金助学金。

2. 父母对于子女参与投资的态度

父母对于子女参与股票投资行为大多表示赞同，因为对于商科类学院来说，家长对股票投资表示赞同，有30%的家长反对孩子炒股，这部分家长认为大学生应以学习为主。家长们对孩子的炒股行为很谨慎，认为以增长经验为主，盈利其次，家长对于大学生炒股的支持很大程度上决定大学生的炒股之路，因为家长提供的资金还是占了非常大的比重。

3. 大学期间是否需要学习投资理财

在被调查者中,认为在大学期间有必要学习投资理财的远远超过认为工作之后才有必要学习的,因为大学有足够的时间让大学生去学习相关知识,进入社会后迫于工作和生活的压力,很多学生认为再去学习股票投资知识是一件很困难的事。所以在大学期间学习专业课程的同时学习相关投资理财知识也是很有必要的。

(四) 投资风险分析

1. 影响投资风险的因素及投资目的

本次调查者中认为影响投资风险的因素为以下七点:(1) 初始资金对于投资的重要性占100%;(2) 宏观形势的影响占92%;(3) 投资风险影响的占87%;(4) 课余时间的占75%;(5) 家庭支持的占73%;(6) 其他的占68%;(7) 股票知识与经历占50%。

2. 投资知识水平和来源分析

在校大学生中投资水平为模拟级的占24.36%,投资水平为初级的占39.83%,其中中级投资水平最高且占30.93%,投资水平高级和大师级分别为4.45%和0.42%。

四、投资盈亏分析

(一) 盈利分析

股票投资盈利的人群中能分析基本信息或分析他人推荐信息的人占52%,其次是跟从对股票操作熟悉的人购买股票从而获得盈利,这部分人占了总数的34%,其他方式的占9%,经验丰富的则有5%。

(二) 无盈亏组分析

跟风导致股票无盈亏的占49%,在投资过程中没有设置止盈止损而导致投资无盈亏的有22%,在交易过程中频繁交易导致盈利不全的占25%,其他因素的占4%。

(三) 亏损组分析

重仓交易导致股票亏损的占56%,投资过程中喜欢跟风操作而导致投资亏损的有30%，交易过程中喜欢追涨追跌导致盈利不全的占9%，其他因素的占5%。

五、结论和建议

（一）结论

沉静了7年的A股，终于在2014年底开始爆发，股民们看到了希望，社会看到了股市耀眼的诱惑，改革的红利让股市一片繁荣，越来越多的人投入到股市中去。大学生作为一个具有较高素质的特殊群体，自然会受金融市场的吸引。大学生作为经济上没有独立和思想上没有完全成熟的一个群体，进入股票市场需要更加谨慎。虽然本文只针对北京工商大学嘉华学院在校大学生的股票投资状况进行研究，但是对于大学生参与股票投资有一定的借鉴作用。通过研究我们发现，大学生股票投资热情高涨，有的学生在股市里挣到了钱，还有部分大学生最后以失败告终。我们结合调查，分析大学生股票投资行为，帮助他们做出正确的判断与选择。

（二）对大学生炒股的建议

1. 正确引导大学生客观认识股票投资行为

对于大学生炒股现象，可谓仁者见仁、智者见智。通过研究分析可看出，首先，每个大学生都有其特质，他们具有不同的动机、不同的风险偏好、不同的心理素质及不同的资金实力。我们不能明令禁止大学生炒股，同时也不能放任自流，毕竟炒股要占用大量的时间和部分金钱，在一定程度上会影响学业甚至日常生活，所以必须加以正确引导。大学生首先需要分析自身情况，不要盲目从众。其次，如果只是想通过简单的基础知识就可以在市场上随意掘金，这是不现实的，所以不断学习是很关键的一部分。最后，家庭和学校应该给予大学生股票投资一些支持与建议，帮助孩子提前适应社会。

2. 加强理财教育，树立正确的交易理念

很多大学生参与投票投资是出于利益驱动，进入股市终极的目标还是挣钱，想通过炒股取得一定的经济收益，大概是每个大学生进入股市的初衷。从数据分析中可以看出，66%的大学生炒股的资金主要来源于父母，剩下的一部分是其他方式获得的收入。经济能力与心理承受能力比较薄弱，一旦获利，就希望获得更多的收益，从而滋生赌博的心理。一旦亏损，就会产生再投入资金回本的心理并且伴随着巨大的压力，严重影响日常的生活与学习。所以，要在大学期间加强个人理财教育，正确引导大学生投资理财理念，引导大学生以正确的心态看待股市、了解股市。培养大学生的风险控制意识，树立正确的金钱观。

3. 做好大学生股票投资的心理疏导

大学生炒股投机心理大于投资心理，因此要引导大学生良好的投资心态和成熟的思想，切忌盲目入市，跟风买卖。避免使用学费、生活费、或者借贷资金进行投资，如果实在对股票投资有兴趣，可以利用父母支持的小额资金，或者奖学金等在不影响学习与生活的前提下进行投资。股票市场波动较大、风险较大，不掌握专业的知识，盲目地进入股市是十分不理智的，部分大学生心理承受能力有限，应该平衡对待炒股得失，才能应对炒股的挑战与冲击。大学生应正确处理学习与炒股的关系，将炒股作为提高自身素质的基石，重点锻炼自身能力，努力完善自我，积极的面对自己的大学学习生涯。

参考文献

[1] 朱飞.理性引导学生的炒股行为[J].学校党建与思想教育（普教版），2007(5).

[2] 李祥利.大学生炒股行为调查研究[J].河北农业大学学报（农林教育版），2008(2).

点评：

1. 适用性评价：适合大学生科研实训选题。

2. 论点与论证过程评价：论文观点正确。论证过程有逻辑性，且数据分析较好，但缺乏图表表述。在基本信息分析部分，缺乏比例分析。

总体上，对于大学生来说，是个较好的研究成果。有一定的实用价值。

苏向杰

硅宝科技股份有限公司财务报表分析

学生姓名：罗南媛
指导老师：贾晋峰

摘　要：我国中小企业财务报告分析主要是指标分析。基本财务指标主要是根据三张会计报表为依据，通过比率分析达到分析报表的目的。

关键词：中小企业　财务报告　财务指标

一、公司介绍

成都硅宝科技股份有限公司（以下简称硅宝科技），成立于1998年，地处中国有机硅工业的发源地——四川，主要从事有机硅室温胶，硅烷及专用设备的研究开发、生产销售。硅宝科技于2009年10月在首批中国创业板上市，成为中国新材料行业第一家、四川省第一家创业板上市公司。"硅宝"商标于2012年被国家工商总局认定为"中国驰名商标"，硅宝科技是有机硅室温胶行业唯一一家获此殊荣的企业。作为国家级高新技术企业、国家火炬计划重点高新技术企业，硅宝科技承担并完成了多项国家及省市重点科技攻关及技术创新计划项目，取得一批产业化成果，技术经济实力处于国内同行业领先地位，荣获"中国化工行业技术创新示范企业"及四川省"创新型试点企业"称号。

2014年，公司经营亮点主要体现在稳中有变，业绩持续增长，创造更多利润增长点。

二、近期财务指标

该公司2013年末预计2014年半年度归属于上市公司股东的净利润盈利2925万元~3217万元，比上年同期增长0%~10%。

变动原因如下。

（1）报告期内，公司有机硅室温胶和制胶专用设备制造业务均实现稳定增长。

（2）随着国家对大气污染治理力度的加大，公司电力环保用胶销售增速明显，成为工业用胶领域业绩增长的亮点。

（3）报告期内，预计非经常性损益对利润的影响金额为100万元~150万元。

公司自身预计2014年1月1日至2014年9月30日归属于上市公司股东的净利润盈利5620万元~6460万元，比上年同期增长0%~15%。

变动原因如下。

（1）报告期内，公司建筑类用胶、工业类用胶以及制胶专用设备制造业务均实现稳定增长。

（2）工业类用胶销售增长呈现两大亮点：随着国家对大气污染治理力度的加大，公司电力环保用胶销售实现大幅增长。同时，汽车用胶销售保持持续增长。

（3）报告期内，预计非经常性损益对利润的影响金额约为200万元~300万元。预计2014年度归属于上市公司股东的净利润为8006.55万元，比上年同期增长14.22%。业绩变动的原因说明报告期内，宏观经济增速放缓，公司积极适应变化，通过调整市场策略，实现了业绩的持续增长。有机硅密封胶方面，建筑类用胶产品仍为公司利润的主要来源，中国房地产行业发展虽有所放缓，但公司通过市场拓展、渠道下沉工作，实现了业绩的持续增长。商业地产领域，公司幕墙胶产品凭借优异的产品性能和品牌号召力，市场占有率不断提升，特别是公司推出的超高性能用胶已在北京、深圳、成都、重庆、武汉、贵州等地标性建筑上运用。随着城镇化进程和民用建筑装饰需求的不断增大，公司民用胶产品实现较快增长。报告期内，工业类用胶销售实现较大突破，实现近亿元销售额，特别是电力环保领域，随着国家对大气污染治理力度的加大以及公司新型防腐环保产品的成功推出，电力环保用胶销售实现大幅增长，成为工业胶业绩增长的亮点。同时，公司汽车用胶、电子电器用胶均实现显著增长。

三、从报表看硅宝科技优势

由于该公司还存在子母公司，所以合并财务报表当以母公司和其子公司的财务报表为基础，根据其他有关资料，按照权益法调整对子公司的长期股权投资后进行编制。

合并资产负债表以母公司和子公司的资产负债表为基础，在抵销母公司与子公司、子公司相互之间发生的内部交易对合并资产负债表的影响后进行编制。合并利润表以母公司和子公司的利润表为基础，在抵销母公司与子公司、子公司相互之间发生的内部交易对合并利润表的影响后进行编制。合并现金流量表以母公司和子公司的现金流量表为基础，在抵销母公司与子公司、子公司相互之间发生的内部交易对合并现金流量表的影响后进行编制。合并所有者权益变动表以母公司和子公司的所有者权益变动表为基础，在抵销母公司与子公司、子公司相互之间发生的内部交易对合并所有者权益变动表的影响后进行编制。

若子公司所采用的会计政策与母公司不一致的，按照母公司的会计政策对子公司财务报表进行必要的调整。

固定资产按成本进行初始计量，购置固定资产的成本包括买价、相关税费，为使固定资产达到预定可使用状态前所发生的可归属于该项资产的其他支出，如运输费、装卸费、安装费、专业人员服务费等。确定固定资产成本时，需考虑弃置费用因素。与固定资产有关的后续支出，符合固定资产的确认条件的，计入固定资产成本；不符合固定资产确认条件的，在发生时计入当期损益。

本公司根据固定资产的性质和使用情况，确定固定资产的使用寿命和预计净残值，并在年度终了，对固定资产的使用寿命、预计净残值和折旧方法进行复核。

2014年上半年度，公司销售费用、管理费用、固定资产折旧较去年同期有所增长。随着公司销售规模的扩大，成本可能会继续增加，成本的增加将对公司毛利率产生一定影响。公司将通过精简人员、拓展销售市场、扩大销售规模，提高自动化生产线的生产效率等措施合理控制费用成本。

随着公司业务发展，全资子公司硅宝新材料 5 万吨/年有机硅密封材料及其配套项目建设有序推进、控股子公司硅宝翔飞经营规模扩大等因素，公司可能面临一定的资金风险。目前，公司负债率低、资金充裕、融资渠道畅通，可通过银行贷款等多种融资渠道解决资金需求。

2014 年上半年度，中国经济面临下行压力，宏观经济增速持续下滑，公司作为有机硅室温胶的领先企业，积极应对国内经济增速放缓所引起的市场风险，通过品牌宣传、销售渠道下沉、产品运用领域拓展、商业模式创新等工作，深入贯彻无缝式销售模式，较好地完成了 2014 年上半年的各项工作，实现了业绩的持续增长。

报告期内，公司实现营业收入 21968.80 万元，同比增长 18.40%，营业利润 3365.45 万元，与去年同期基本持平，实现归属于上市公司股东的净利润 3029.15 万元，同比增长 3.59%。

四、未来市场发展前景以及展望

中国有机硅市场就有机硅材料来说，主要影响其生产的因素是市场产能变化情况。总的来说，是有机硅的发展离不开市场需求和供应情况的变化。分析三中全会公报后，从媒体发表的看点中分析未来可能影响国内有机硅市场的因素如下。

（1）政府未来对经济的干预将减少。

（2）划定生态保护红线。要健全自然资源资产产权制度和用途管制制度，划定生态保护红线，实行资源有偿使用制度和生态补偿制度，改革生态环境保护管理体制。

（3）市场在资源配置中起决定性作用。经济体制改革是全面深化改革的重点，核心问题是处理好政府和市场的关系，建设统一开放、竞争有序的市场体系，是使市场在资源配置中起决定性作用的基础。

新常态下的宏观经济增速放缓，中国房地产黄金发展时期已结束，众多企业纷纷谋求改革与转型。同时，所处的有机硅行业下行压力加大，有机硅单体上游饱和，但下游终端需求领域广阔，面对新形势、新任务，有机硅行业也面临适应经济发展的新常态，积极应对全球石化产业新一轮的科技创新和结构调整，培育新的增长点，以创新为驱动发展，这对公司而言，既是难得的机遇，又是严重的挑战，公司也正在探索转型之路，把握未来发展战略引擎。

有机硅室温胶产品广泛应用于建筑行业和工业领域，随着我国商业地产、城镇化进程和城乡建设的需要，拉动了建筑房屋、室内装修和门窗密封对有机硅密封胶的消费，为公司建筑胶产品的长期稳定增长奠定了坚实基础。房地产增速虽有所放缓，但房地产施工面积和竣工面积同比增速都保持在15%以上，公司在巩固建筑用胶现有市场的基础上，积极拓展无缝式销售模式，加大在二、三线城市的渠道下沉工作，不断提高市场占有率。同时，有机硅硅橡胶已从单一的建筑用硅酮密封胶向多领域、多用途扩展，在电力防腐、汽车、电子电器、新能源等领域得到广泛运用。公司将持续加大电力防腐、汽车工业、新能源等工业领域的拓展力度，提升在公司销售中的占比。

有机硅作为新兴材料之一，市场空间巨大，是基体小但增长快的朝阳行业。随着全球有机硅产业链的加速转移和下游领域的需求拉动，中国作为承接国际有机硅产业转移的主要地区，已经成为全球有机硅最大的生产国和消费国，预计2015年中国有机硅产业的市场空间将达到450亿左右的规模，室温硅橡胶的市场空间将达到至少75亿元，并有望达到90亿元~100亿元的规模，未来市场空间巨大。

点评：

1. 适用性评价：适合大学生科研训练项目选题。
2. 论文论点与论证过程评价：文章观点正确。
3. 存在的问题：首先，结论过于简单，没有深度。其次，"公司财务报表分析"这一主题没有得到明确分析。在标题上应该设置专门标题，并逐项进行分析并得出结论。

多俊岗

微商在大学生中的发展状况及趋势

学生姓名： 许海平　邱日　吴晶晶
指导老师： 杜聪慧

摘　要： 微商是最近两年兴起并迅猛发展的一种新型营销模式。本文首先探讨了微商的概念与特点，其次根据问卷调查的数据深入分析了微商在大学生中的发展状况。最后，结合本文的研究成果，分析了微商的发展趋势。

关键词： 微商　大学生　发展状况与趋势

一、微商的概念与特点

如今，互联网已经进入以微博、微信等社交软件为代表的WEB3.0时代，互联网可以跳出传统的传播渠道，成为一个很好的产品销售通路闭环，并逐渐发展成了人人均可参与的"微商"时代。目前，对微商的概念还没有统一的定义。提到微商，大多数人首先想到的就是在微信上售卖产品，实际上，微信电商只是微商的一部分。微商其实是指在移动终端平台上借助移动互联科技进行的商业活动。简单来说，微商主要是通过微信、QQ空间、微博等社交平台进行产品销售的新兴营销模式。采用这种模式进行商品销售的商家既可以是企业，也可以是个人。以微信电商为例，微商主要分为两种，一是基于微信公众号的B2C微商，二是在微信朋友圈开店的C2C微商。通常企业会采用B2C进行商品销售，个人采用的是C2C的模式进行物品销售。具体来说，企业往往会利用促销等手段来吸引微信用户通过"扫描二维码"等方式添加其公众账号，然后通过公众账号发布信息进行商品销售。个人可以通过朋友圈发送销售信息来进行商品销售。目前，微商主要有三种盈利模式：一是传统产品销售，即在社交软件平台上从中赚取差价，其中相当部分是淘宝店家进入微商市场；二是卖代理，即按照一定的顺序组成层级不断发展代理；三是卖微商营销相关的培训、教程、软件等。

  微商的快速发展与其自身的诸多优势密不可分。首先，与传统市场和电商市场相比，微商具有渠道费等成本低、人员管理费用低、成本回收快等优点。微商市场投入少、门槛低，主要依靠社交网络传播，其消耗的流量费就低得多。微商是以人为中心，扩大并加深人际关系，通过关系和良好的服务态度获得信任，进而卖出产品。其次，智能手机的普及、人们对电子商务的认可增强，微商的发展空间越来越广阔。再次，微商的营销具有很强的及时性，与其他营销模式相比，微商可以随时随地将自己商品的最新消息传送到顾客身边。而营销信息的及时性将对商品的销售产生极大的影响。最后，微商的营销活动开展的成本相对较低，这使得微商拥有了更多的资本进行自身的不断完善。

  当然，微商发展中也凸显出了不少问题。首先，朋友圈等社交平台是维持朋友情感关系的领域，微商最初在朋友圈推送商品消息时，会给朋友圈中的人们带来一定的新鲜感，但是随着这种新鲜感的丧失，将导致一部分人对微商在朋友圈的行为感到反感，从而屏蔽其信息。其次，随着微商推送信息的泛滥，微商户将逐渐成为微信平台的刷屏者。在这种情况下，用户不是选择屏蔽信息，就是根本无法阅读完所有信息，所以，微商营销信息的有效性将遭受考验。再次，微商的发展尚且缺乏完善的监督管理机制。由于没有较好的监督管理机制，个人微商的商品质量往往无法得到保障，在这种情况下，一些不实的商品信息和质量不高的商品将导致微商信誉下降，从而导致用户的不信任。

二、微商在大学生中的发展状况

  大学生群体是最具创新性和最易接受新事物的群体，因此，也是微商发展的最为重要的潜在客户群体和推动力量。为了研究微商在大学生中的发展状况，作者在问卷星网站进行了问卷调查，共收集有效问卷169份，结果显示如下。

(一)微商在大学生中的现状

1. 大学生对微商的了解程度和接触途径

问卷结果如图1、图2所示,可以看出36.09%的大学生对微商不了解,59.76%的大学生有一定了解,4.14%的大学生对微商非常了解。通过朋友圈、公众号营销、朋友推荐、微博营销和淘宝网接触微商的比例分别是85.8%、37.87%、40.24%、10.83%和36.69%。

图1 大学生对微商的了解程度

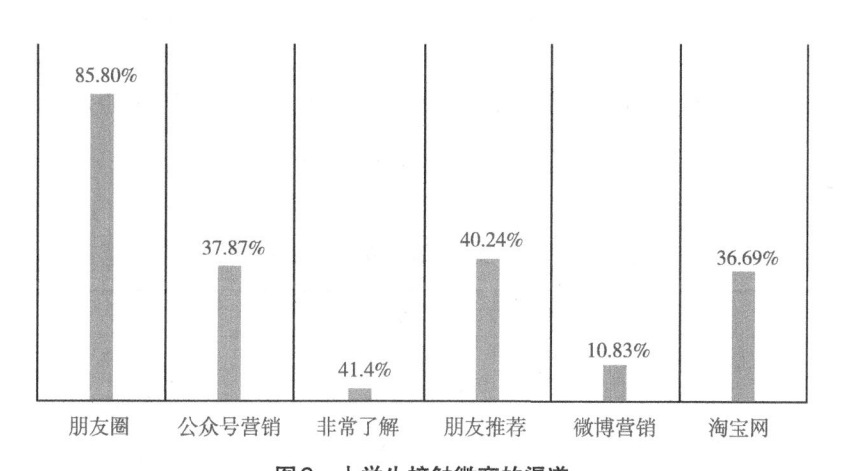

图2 大学生接触微商的渠道

2. 不同类型的微商对大学生的吸引程度与大学生通过微商渠道购物最看重的品质

从表1中数据可以看出,大学生对微商中的零售、化妆品及护肤品、衣服和代购非常有兴趣,而保健品和饰品对其吸引力相当有限。

表1 不同类型的微商对大学生的吸引程度

题目\选项	不吸引	略微吸引	一般吸引	比较吸引	非常吸引
零食	43（25.44%）	37（21.89%）	44（26.04%）	35（20.71%）	10（5.92%）
创意礼品	33（19.53%）	31（18.34%）	50（29.59%）	47（27.81%）	8（4.73%）
化妆品及护肤品	63（37.28%）	28（16.57%）	43（25.44%）	25（14.79%）	10（5.92%）
保健品（包括减肥药等）	113（66.86%）	22（13.02%）	26（15.38%）	6（3.55%）	2（1.18%）
衣服	22（13.02%）	25（14.79%）	49（28.99%）	55（32.54%）	18（10.65%）
鞋帽	28（16.57%）	28（16.57%）	58（34.32%）	47（27.81%）	8（4.73%）
饰品（包括美瞳）	72（42.6%）	27（15.98%）	45（26.63%）	22（13.02%）	3（1.78%）
数码产品	52（30.77%）	33（19.53%）	50（29.59%）	28（16.57%）	6（3.55%）
旅游平台	50（29.59%）	29（17.16%）	47（27.81%）	34（20.12%）	9（5.33%）
票务服务	62（36.69%）	22（13.02%）	53（31.36%）	24（14.2%）	8（4.73%）
代购服务	65（38.46%）	27（15.98%）	45（26.63%）	20（11.83%）	12（7.1%）

从表2中数据可以看出，大学生通过微商渠道购物时最为看重的是产品的来源和质量以及售后服务，对于商品的特殊性和品牌并不十分在意。

表2 大学生通过微商渠道购物最看重的品质

选项	小计	比例
商品的特殊性	47	27.81%
支付方式	53	31.36%
售后服务	78	46.15%
购物的方便程度	57	33.73%
价格是否便宜	63	37.28%
产品的来源和质量	114	67.46%
对卖家的熟悉程度	52	30.77%
品牌	43	25.44%
其他	3	1.78%

3. 大学生微商购物的倾向支付方式和对微商创业的态度

调查发现，大学生在通过微商购物时，倾向于支付宝转账和货到付款的方式，银行卡转账和同城交货较少，具体情况如表3所示。

表3 大学生微商购物的倾向支付方式

选项	小计	比例
其他	4	2.37%
同城交货	22	13.02%
货到付款	71	42.01%
银行卡转账	36	21.3%
支付宝转账	124	73.37%

目前，大学生对微商创业的热情还不够高，仅有9.47%的大学生表示创业时首要考虑微商，具体如图3所示。

不考虑，35.5%
次要考虑，55.03%
首先考虑，9.47%

图3 大学生对微商创业的倾向性

三、微商的发展趋势分析

1. 全民微商和全行业微商

全行业微商意味着所有人都可以来做微商，不仅仅化妆品、消费品，甚至是工业品也可以做微商。全行业微商的六大模式。(1) 代理制：适合毛利率较低的，毛利率高于60%的都不适合发展代理制，如果做不了代理制，那就选择做直营；(2) 直营：直营的机会在哪呢，当你客户足够多的时候你会出现批发；(3) 淘宝辅销：将淘宝的成交客户全部拉到微信里，做复购和营销；(4) O2O：服务，比如美甲、美睫等服务行业，有一定顾客之后就足够了，再做做客户管理就好；(5) 品牌：用微信来做品牌；（6）平台分销：通过分销的模式把产品推出去，相当于淘宝客。

2. 微商经营碎片化

微商经营渠道、团队、产品都会持续碎片化，渠道越来越分散，团队越来越多，产品从爆款到系列再回到爆款。从之前的淘宝、天猫，到现在的1号店、京东，渠道越来越多，但销售模式相差不大。从一个爆款到上新一个系列，再从这个系列回到爆款，这是一个趋势，连环的，无法改变的。

3. 社群趋势更加明显

圈子是对抗碎片化的最佳办法。现在有很多大大小小的微信群，要给社群注入新的资源和支持。社群是频道，社群是后台，当微商真正把社群做起来之后，不管做怎样的产品，不管做怎样的品牌，通过这个"频道"做一下测试，看一下反馈，很容易找到属于自己品牌的核心用户群，而这一群天使用户将自愿传播与扩散，大大减少了企业的传播成本。

4. 监管越来越完善

最早微商圈出现的产品，大多是"三无产品"，一些保健品、化妆品都没有备案。如有一些面膜品牌，但未来肯定会变得越加规范，微商代理越来越清楚法律法规，一些消费者也变得更加的理智了，"三无产品"的生存空间将变得越来越小。总而言之，微商的发展会越来越规范，市场也会变得越来越大。

参考文献

[1] 微神. 微商洗牌期，不可逃脱的魔咒？[J]. 黄金时代，2014(9).

[2] 蔡映朵. "微商"来了得了利益失了民心？微信购物维权、难购买需谨慎[J]. 消费电子，2014(11).

[3] 徐铱璟. 微商：野蛮生长之后[J]. 新营销，2015(1).

点评：

1. 适用性评价：适合大学生科研训练项目选题。

2. 论点与论证过程评价：论点正确，客观。

对大学生来说，起到了初步的科研训练项目的作用。建议"微商的概念与特点"部分要明晰，补充结论部分。

多俊岗

景区英语翻译的常见问题和翻译方法

学生姓名：李雯雯

指导老师：张　铮

摘　要：本文介绍景区英语翻译的重要性。对景区英语翻译存在的问题分析总结。在语言文化基础上，提出提高翻译水平的方法。

关键词：景区英语　翻译方法　常见问题

随着经济的快速发展，旅游业作为新兴产业，发展速度越来越快。各地旅游景区不仅吸引了国内的大批游客，还吸引了世界各地的游客。景区英语翻译的好坏会影响景区文化的交流和我国在国际旅游市场上的形象。我国是旅游资源大国，随着APEC等国际会议在我国的举行，提高景区英语翻译水平十分重要。而英语是世界应用最广泛的语言，如何实现中英文合理转换，需对翻译存在的问题分析总结。

一、景区英语翻译的常见问题

翻译，要经过语言表达、情感表达两方面，既要合理准确地表达语言的意思，又要使其符合文化背景，生动形象。景区英语翻译更具有其特点，由于其知识范围广、内容丰富，故在翻译中常出现以下几方面问题。针对这些问题，需要提出有效的翻译方法，使翻译发挥指示性作用，实现目标对象在中英两种形式之间的良好转换。

（1）基础知识不牢固，翻译存在语法、单词拼写等错误。英文和中文的差异性，表现在多个方面，其中一方面是英文具有多样性，而中文具有重复性。英语单词本身有单复数、时态等变化，不同形式有不同意义。在景区英语翻译中，表达不准确的现象随处可见。其中指示牌翻译需简单明了、通俗易懂，于是有些翻译就出现了不准确的现象。例如，开水间"water room"，在一些地方被写成"water between"，房间不能用介词来表示，翻译存在语法错误。又如，捡起片片纸被译为"pick up piece of papers"，纸是不可数名词，应用"a piece of paper"或"pieces of papers"表示。还有卫生间"toilet"在很多地方被写为"toliet"，这是明显的拼写错误。类似的翻译随处可见，这些问题有待发现并及时改正。

（2）文化背景缺失或中西文化存在差异，造成翻译意思偏差。景区英语翻译不仅仅包括吃、穿、住等日常生活翻译，还包括景区文化翻译。中国景区以传统文化为主，包括宗教、建筑、历史等方面，翻译难度高。若译者对文化理解不透彻，就会出现意思偏差。此外，很多外来游客对中国历史文化没有深刻了解，对翻译的理解也会出现意思偏差，这样景区翻译就很难传达文化本身的内涵。如佛教弥勒被直译为"Mile"，其在英文中有对应的翻译"Matriya"，该词出于梵文。若译者对佛教知识不了解，就很难将其翻译准确。又如观音菩萨"the goddess of mercy"，外国人很难理解这些有关中国传统文化的翻译，那么在翻译时就要添加补充说明的内容，以便外国游客更好地理解。同时，我们对西方语言的表达习惯也不太熟悉，如"restroom"在西方现在是洗手间的意思，而我国部分景点休息区使用该词语，其意义出现偏差。

在景区英语翻译各方面问题中，拼写语法错误和文化差异导致的意义偏差是较常见的问题。为景区英语翻译能更好的发挥其解释说明作用，我们需在翻译理论基础上结合中国文化，提高翻译水平，使来自世界各地的游客更好地感受中国悠久文化内涵。

二、翻译方法

为提高景区英语翻译水平，可从信、达、雅三方面进行翻译。

（1）规范化，忠实于原文，翻译本身意思不出现偏差。做到"信"，不仅需要译者有很好的英文驾驭能力，还需要有很强的中文语言功底，这样才能实现语意相通。英语表达要规范，即基础知识扎实，不出现拼写、语法等错误。因为这些是小错误，才使翻译不规范化的现象随处可见。只有把小错误避免了，才能实现更高层次的翻译。忠实于原文是指重视原文本身的意思、主旨和细节，不添加个人观点等内容。

（2）在准确表达意思的基础上，需使翻译通顺、连贯。"达"，即通顺、连贯。内容上忠于原文，表达上通顺、畅达，这样翻译才能被更好的理解。如果只是逐字逐句翻译，那么在理解上就会出现意义偏差。很多内容需把握整体意思，连贯起来理解。我们可采取直译和意译相结合，不可全部直译、音译或硬译。我们常提到的四美，不能用"four loves"来表示。这种直译，在意义上会出现疑惑，何来通达一说。因此，我们需结合具体内容，应用相关对等表达，使翻译更合理。

（3）景区英语翻译不仅需要准确、通达、也要不失文雅。景区英语翻译不仅是内容的表达，更是思想的传承，如何赋予简单的翻译一定的文化内涵，需结合传统文化知识，采用四字格、修辞等方式，把文化内涵融入其中。在翻译过程中，既根据西方表达习惯进行次序调整，又把信息生动地表达出来。随着中文的发展，有些内容可根据中文拼音来翻译，如"Kungfu"和"doufu"，但不是所有中文都可直译。所以，我们要具体问题具体分析，在合理表达基础上，进行增减、四字格替换、意译，使翻译更文雅。

随着旅游景区的快速发展，景区英语翻译规范化不仅是景区进一步发展和完善的要求，也是景区整体文化程度的体现。景区英语翻译质量有待提高，我们需不断提高翻译水平，进一步实现跨文化交流，提升我国在国际旅游市场的形象。

参考文献

[1] 陈辉. 旅游英语翻译方法浅析[J]. 宿州教育学院学报，2009(1).

[2] 谭艳琼. 浅谈旅游英语的翻译策略[J]. 长春理工大学学报，2012(6).

点评：

1. 适用性评价：适合大学生科研训练项目选题，具有一定的现实意义。
2. 论点与论证过程评价：论文观点正确，调研工作比较充分。

总体上，对于大学生来说，是个较好的研究成果，有一定的实用价值。

多俊岗

方案设计类

"幸福一生"保险方案设计论证

学生姓名： 刘雪颖　王梦颖　曾璐瑶

指导老师： 齐瑞宗

摘　要： 本文为保险设计方案，意在研究当今保险市场的现状，尤其是爱情保险的市场需求状况及是否值得推广。本文通过市场调查说明与分析，设计出保险产品，并得出结论。希望通过详细的论证过程，设计出一份大众所能接受的爱情保险。

关键词： 保险产品　爱情　保障　补偿

一、绪言

（一）课题背景及意义

爱情在不同人的眼中有着不同的感觉，当今社会传统的保险产品远远不能满足人民日益多样化的生活，"裸婚""闪婚""毕婚族"等一系列新的爱情延续方式被人们所接受。现阶段最重要的是让我们的产品平稳且合理地融入我们的生活，并有效地保障我们的爱情世界。

（二）文献综述及简要评析

本文是一份保险产品设计方案，主要针对现在爱情中日益增长的一系列问题而研究的爱情保险设计方案。许多爱情事故的发生，让我们重视爱情的保障，真爱只有一次，所以大家更想要得到安全。就现在而言，在国内，保障爱情的保险可以说基本没有，有的都是打着爱情保险的名号，买着人生意外险、子女教育险等。这些保险产品大多只是从外在为情侣们的人身安全、子女提供保障，并没有让情侣们的内心有更多的温暖和保障。

经过我们的研究调查，目前"幸福一生"这款产品可以适量地减少人们对爱情没有保障的恐惧。

（三）研究方法

本文在研究的过程中采用了网络调查问卷的方法，以爱情保障为基础进行投保，最后设计出一份爱情保险的保险金和保额。

（四）论文研究思路与框架

此次保险设计方案，意在研究当今保险市场的现状，尤其是爱情保险的市场需求状况及是否值得推广。全文共有四个部分，分别为：绪言、调查说明与分析、保险产品设计、结论，希望通过详细的论证过程，设计出一份大众所能接受的"幸福一生"爱情保险。

二、调研的组织实施

（一）调研主题的选择与确定

调研主题选择如今保险市场的各类爱情保险，收集大众对各类爱情保险投保情况的看法，并加以分析，希望可以得到大众心中最理想的爱情保险信息，保险产品的推广，尤其是爱情险的推广，最重要的就是大众性，要让大众都愿意认可并购买。在合理范围内，以盈利为前提进行价格调整。

（二）社会调查方案的起草与确定

本次调查方案的起草，面向全社会征集调查信息，为此我们设计了一份调查问卷，共19道题，希望通过这19道题了解大众在爱情保险的投保情况。在调查问题的确定上，主要选择贴近大家生活、可以引起共鸣的话题，这样可以更好地了解每个受调查者的内心想法。

(三) 社会调查方案的组织与实施

此次网络调查和社会调查以发布问卷的方式来进行信息收集。

调查问卷全部回收完毕之后,我们着手对调查问卷的各项问题进行了数据统计,通过图表更清晰地体现出了各方面的问题,并作出具体分析,对其中出现的问题进行讨论。最后把问题的讨论结果进行整理,完成了社会调查结果的撰写。

三、社会调查基础数据统计分析

本次社会调查共发出139份调查问卷,回收139份,有效139份其中男性74位,女性65位。下面就根据问卷所得到的信息资料的整理汇总。本问卷是通过发放问卷和网上调查方式汇总,具体情况如图1所示。

(1) 被调查者的年龄和是否已婚之间的交叉调查分析:在139位被调查者中,共有34名已婚人士,105位未婚,其中44位是有对象的,由此可以看出,目前社会有对象的人多,但结婚的人少。

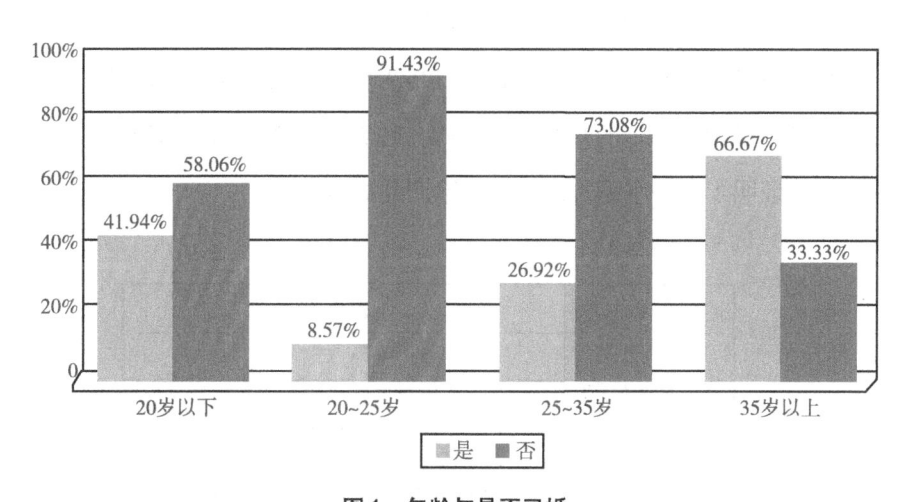

图1 年龄与是否已婚

在这个交叉数据中,35岁之前的人都是未婚比已婚多,但是20岁以下的已婚概率较高,而35岁以上12位被调查者有4位未婚。造成这种情况的原因是否是目前年轻人对婚姻产生某种程度的恐惧?在这种情况下,我们策划推出爱情保险减少消费者对未来的恐惧。

（2）关于恐婚原因调查：恐婚族的出现表现出的是缺乏安全感，这也侧面表明了一个人的需求。对缺少资金的恐惧占25.18%，对欺骗的恐惧占27.34%，对生育后代压力的恐惧占19.42%，对双方家庭关系的恐惧占28.06%，可见人们恐婚的原因来自各方面的压力，其中对双方家庭关系的恐惧所占比重最高（如图2所示）。

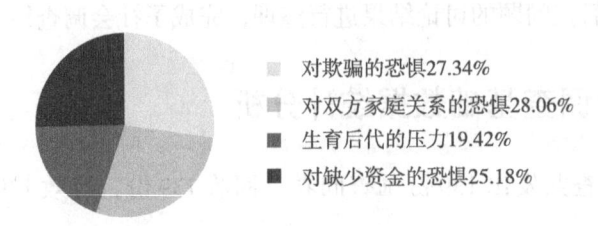

图2　恐婚原因比例

（3）对爱情保险了解程度的分析：对于一个保险的了解程度的高低，是客户是否会选择这个产品的关键。经调查统计，对爱情保险完全不了解的有84人，其中购买这类保险的只有5.95%；了解一些的有37人，其中有购买过类似保险的占21.62%；非常了解的有18人，其中购买过的有44.44%（如图3所示）。从这些数据中可以看出客户是否选择一个产品是跟其宣传力度有很大关系的。因此，我们要推行我们的产品，必须有一定的知名度和口碑。在客户了解产品的情况下，依然有很多人购买，这证明了有一个完善的爱情保险产品的重要性。

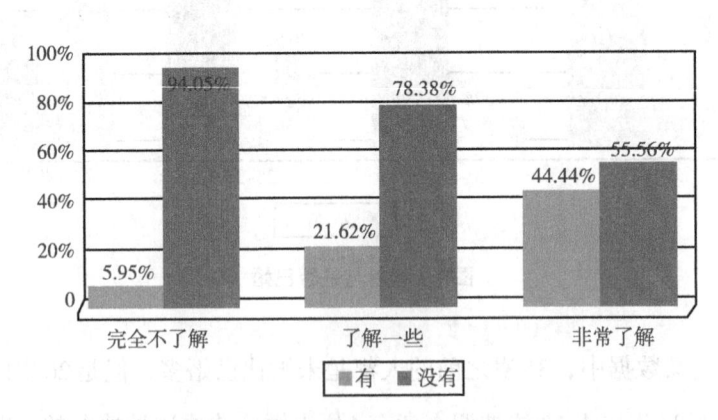

图3　对产品的了解与是否有过购买经历的比较

（4）可接受保费层次分析：对于大众可以接受的保费层次，是很重要的，因为这直接影响到消费者是否会接受我们的产品。因此可以接受保费越多的人，购买产品的几率也更大。调查结果是接受年保费在1000元的占33.81%，1500元的占23.02%，2000元的占22.3%，2500元的占20.86%（如图4所示）。我们的产品年保费仅需要1200元，有超过50%的人群可以接受，加大了我们产品推行的可能性。

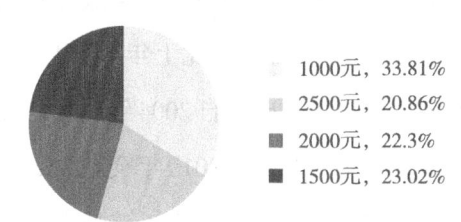

图4　可接受年保费各层次所占比例

（5）被调查者对"幸福一生"爱情保险最满意项目选择：综合被调查者的意见，可以让我们了解保险设计的哪一方面使人有购买欲，以便我们进一步加强这方面的产品设计。首先，被调查者最满意的是"25年相爱一生10000元爱情金"，占24.46%，其次，是对于在感情中受伤一方的补偿，占22.3%（如图5所示）。由此可以看出，大部分人对有一个幸福爱情的奖励金和对伤心时的慰问金是比较在意的，我们可以对这类金额进一步完善。再次，是每年的爱情记忆卡，占20.14%，对结婚、育儿附加险的关注占19.42%。最后，是每月100元的保费。由此看出在一个美满的感情面前，100元的保费已经不重要了，客户更关注的是情感中的浪漫时刻和对可能面临的压力有解决的方案，我们可以进一步加强对附加险及服务的完善，使我们的产品得到大众的认可和满意。

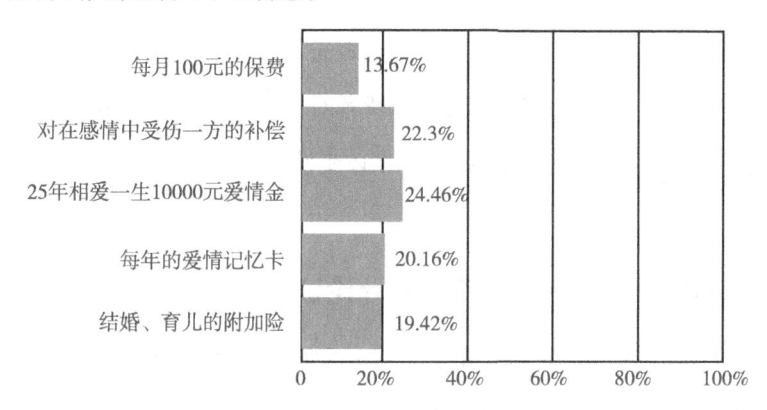

图5　被调查者对"幸福一生"爱情保险最满意项目的比例

四、保险产品设计方案

(一)需求分析——产品设计提出

根据调查报告的信息收集与整理,现在中国的保险产品已经日益完善,但大部分都是各类车险健康险等。民政部发布2013年社会服务发展统计公报显示,2013年全国依法办理离婚手续的共有350万对,比上年增长12.8%,其中民政部门登记离婚281.5万对,法院办理离婚68.5万对。自2004年以来,我国离婚率连续10年递增。2004年,我国的离婚率仅为1.28‰,2010年突破2‰。到2013年,已经高达2.6‰。因此,我们针对这种现状,设计并推出了这种爱情保险,保障的是恋人或夫妻间的感情。

(二)可行性分析——产品设计分析

随着我国经济快速发展、人民的生活水平不断升高,消费者在满足物质需求以外,也在渐渐地提升对精神的需求。目前市场上的爱情保险基本为"联合寿险"形式,而我们的保险更加活跃,保障的是一段感情。调查过程中,我们发现这类的保险产品并不是没有市场的,只是在中国没有被推出。案例:袁小姐结婚不久,一天她在网上看到国外有保险公司推出的"爱情保险",一对夫妻投保后,在结婚20周年时收到了一笔不小的保险金。这吸引了还沉浸在新婚甜蜜中的她。于是她也想为自己的爱情投一份"爱情保险",不过在询问了几家保险公司的代理人之后,袁小姐颇感失望,因为代理人向她介绍的"爱情保险",只是提供一些医疗、子女教育、养老等基本的保障,并不"保爱情"。

通过案例我们可以了解到,情侣或是新婚夫妻对自己的爱情有一定的向往,也希望对自己的爱情有一份保障,在调查消费者对保险的需求中,我们走访并发放问卷,其中有38.85%的人认为有购买保险的必要性,这就使"幸福一生"爱情保险有了可行性。

(三)竞争优势分析——产品设计论证

"幸福一生"爱情保险的优势在于:(1)消费市场大,情侣或夫妻都可以成为本产品的消费者,人群广;(2)保费低廉,只需要每月支付100元的保费就可以对消费者的恋情进行保障;(3)保障恋情,我们每年会收情侣间的保密信,保存甜蜜的记忆,可能在关键时刻可以挽救一场恋情或婚姻;(4)本产品在国内暂无类似产品,有很大的市场潜力和空间。

(四)市场收益预测——产品设计效益

此产品具有广泛性和长期性,适合面向大众市场,所有有意愿的情侣及夫妻都是我们可能的消费者。而在某些特殊时期,其收益将大大的提高,如七夕情人节,西方情人节,圣诞节等。

五、结论

有业内人士认为,尽管"爱情保险"并不如传统意义上的"保险"一样能够保障婚姻或爱情,但是不可否认的是,这种保险或许可以激励情侣或夫妻为了能领取收益而更加用心地经营。爱情是无法保障的,我们只能通过各种方法,努力让爱情能够更长久,这样的一份爱情保险,不仅稳固了爱情,更像一根纽带联系着我们的亲情世界。

参考文献

[1] 许瑾良.保险产品创新[M].上海:上海财经大学出版社,2006.

[2] 林宝清.保险法原理与案例[M].北京:清华大学出版社,2006.

[3] 陈浩.爱情保险[J].青春期健康·人口文化,2014(7).

点评:

1. 适用性评价:选题适用于大学生科研训练。

2. 论点与论证过程评价:论文基本符合规范、文字通顺、结构合理。设计出从未有过的险种,具有一定的理论和事实依据,是值得肯定的。

保险产品设计,与保险方案设计是不同概念。本文章题目是方案设计,却写成了产品设计。而就产品设计而言,它是在大数据基础上,运用保险精算技术,设计出保险条款、保险责任、除外责任、理赔条件及流程、不可抗力处理、保额、保费、保险期限、争议处理、预期成本与盈利等一系列环节的设计。建议完整介绍"幸福人生"保险方案具体方案，否则显得较空。

赵秀池　张　泰

天使险保险方案设计

学生姓名： 郑拓斌　鄢文杰　邓凯隆
指导老师： 罗荣华

摘　要： 天使计划平安险保险期间可以获得相应的教育基金和创业金，期满后可以获得养老保险金，即投保人在高中时获取高中教育金，在大学可得大学教育金，25周岁后可以领取创业婚嫁金，60岁后可以领取养老保险金，并在期间可以获得投资收益。当被保险人在保险期内发生意外身故，可以得到相应额度的保障。该项保险收益性高、保障多。

关键词： 天使计划　教育基金　保险

一、产品的基本情况

（一）产品名称及特点

本产品名称为天使计划平安险，该产品将投资理财、人生意外险、教育基金以及养老保险综合在一起，形成一个全新的保险产品。可谓"一险在手，一生无忧"，保险期间可以获得相应的教育基金和创业金，期满后可以获得养老保险金，即投保人在高中时获取高中教育金，在大学可得大学教育金，25周岁后可以领取创业婚嫁金，60岁后可以领取养老保险金，在期间内可以获得投资收益。当被保险人在保险期内发生意外身故，可以得到相应额度的保障。

该保险收益性高，主要投资新股网下配售和网上申购，增加短期债券的套利操作，提高投资收益水平，预期回报率在5%~15%。分享股市溢价，降低投资风险，稳获投资收益。该保险提供人生意外险、儿童教育基金、创业婚配金及养老保险，保障足。

(二)产品类型及其他

该保险属于投资型保险产品。该保险可以分为趸缴、年缴、月缴。本保险由于险种类型多、保费偏高,目前仅适用于中等富裕的家庭。在产品集中销售期内,投保人不享受保险保障。自本产品合同生效之日24时起,产品发行人开始对集中销售期内投保认购的被保险人承担保险责任。

天使计划保险是分红型保险,分红型保险是指保险公司将其实际经营成果优于定价假设的盈余,按照一定比例向保单持有人分配的保险产品。

保险公司在厘定保险产品费率时,要预定投资回报率、死亡率、费用率等。由于是长期合同,在保单未来的时间里,如果实际投资回报率、死亡率、费用率优于预定的假设,保单就会产生红利。

分红险是在投保人付费后,得到保障的情况下,享受保险公司一部分的经营成果的保险。根据保险监督委员会的规定,分红一般不得少于可分配利润的70%。若保险公司经营不善时,分红可能非常有限。但是,分红保险设有最低保证利率,客户的基本保障是有保证的。因此,适合于风险承受能力低、对投资需求不高、希望以保障为主的投保人群。

二、市场预测及分析

(一)需求分析

随着社会经济的发展,人们的生活越来越幸福,手中的闲钱也越来越多,一种稳定的投资必将成为社会的主流趋势。意外无处不在,在人生旅途中充满了各种各样的风险,这是当今人们必须直面的一个难题。一份可以保护自己儿女的保险尤为重要,但是社会上各种保险层出不穷,人们无法抉择自己适合什么保险,"天使计划"可以满足用户的需求。

如今,人民的生活水平提高,工资提高,储蓄增多。越来越多的人已不满足于银行利息的低收入。投资,是一个有风险的行为,但风险高、回报高。并且,广大人民群众在保险消费上的观念也出现转变,对投资型产品需求也在不断增加。投资型的保险产品,具有保障与投资的双重功能,购买手续简便,非常适合于稳健型投资者及平时工作繁忙、无暇打理资金的企事业单位的白领人士。

（二）风险分析

投资型保险产品对证券市场非常敏感。从2008年起，我国证券市场出现较大波动，投资型保险会随证券市场波动而大起大落，影响保险公司的业务规模、财务赢利、现金流等各方面，对保险业稳健发展带来了新的挑战。如今，股市的波动依旧很大，人们无法预测未来的走势。我国当前经济金融形势存在许多不确定因素，尤其是证券市场，受政策调控影响很大，会对投资型保险发展带来较大波动。

（三）市场预测

随着生活水平的提高，人们的收入增加，这时候人们就会担心自己的未来及子女的未来，本保险满足了人们的需求。试运期间可能会有部分问题，但是随着人们对保险的认知的增加，该保险前景广阔。

三、产品认购份额及相关规定

（一）投保认购

产品的销售期内，产生的各类费用均来自认购费用，不足部分由投资产生运营成本（如表1所示）。

表1 投保认购费率

投保金额（M）	集中销售期投保认购费率
50万≤M<100万	1.20%
M≥100万	0.8%

（二）投保金额限制及退保处理方式

在产品集中销售期内，投保人可多次投保认购，首次缴纳的最低投保认购金额为总保费20%以上，追加投保认购金额须为人民币1000元的整数倍。产品集中销售期结束后，本产品合同不能生效时，产品发行人承担相应债务和费用，并将已收取投保认购资金及应计银行同期活期存款利息在集中销售期结束后30日内退还投保人。

四、保险保障

(一) 保险对象

凡具有中国公民身份证的均可作为本产品的被保险人。(注：本合同项下的投保人与被保险人须为同一人) 且投保人对被保险人具有保险利益（必要时能够提供有关保险利益关系证明）。具备缴费能力，愿意承担支付保费义务。

(二) 保险责任开始

在集中销售期内，投保人不享受保险保障。自产品成立之日24时起，产品发行人开始对集中销售期内投保认购的产品份额持有人承担保险责任。在产品存续销售期内，产品发行人自投保申购确认日24时起开始承担保险责任。

(三) 保险责任

在本主险合同有效期内，我们承担如下保险责任。

1. 高中教育保险金

被保险人生存至15、16、17周岁的保单周年日，我们每年按基本保险金额的5%给付"高中教育保险金"。

2. 大学教育保险金

被保险人可以选择以下两种方式之一领取大学教育保险金。

(1) 被保险人生存至18周岁的保单周年日，我们一次性给付大学教育保险金；

(2) 被保险人生存至18、19、20、21周岁的保单周年日，我们每年按基本保险金额的10%给付"大学教育保险金"。

3. 创业婚配金

被保险人生存至22周岁的保单周年日，我们每年按基本保险金额的20%给付"创业婚配金"。

4. 养老保险金

被保险人可以选择以下两种方式之一领取养老保险金。

(1) 被保险人生存至60周岁的保单周年日，我们一次性给付养老保险金。

（2）被保险人生存至60周岁的保单周年日，我们按每年5%，直至保险费用尽。

5. 身故保险金

被保险人身故，我们按下列两者的较大值给付"身故保险金"，本主险合同终止。

（1）本主险合同所交保险费。

（2）被保险人身故当时本主险合同的现金价值。

"所交保险费"按照身故当时的基本保险金额确定的期交保险费和保险费的已交期数计算。

以上"身故保险金"中所称的基本保险金额及现金价值均不包括因红利分配产生的相关利益。

6. 意外身故豁免保险费

被保险人因遭受意外伤害，并自事故发生之日起180日内身故的，我们免予收取自身故日起豁免期间内剩余的各期保险费。

7. 意外全残豁免保险费

被保险人因遭意外伤害，并自事故发生之日起180日内全残的，我们免予收取自意外伤害发生日起豁免期间内剩余的各期保险费。

（四）保险责任免除

因下列情形之一导致被保险人身故、全残的，我们不承担豁免保险费的责任。

（1）被保险人故意自伤、故意犯罪、抗拒依法采取的刑事强制措施或自杀，但被保险人自杀时为无民事行为能力人的除外。

（2）被保险人殴斗、醉酒，主动吸食或注射毒品。

（3）被保险人酒后驾驶、无合法有效驾驶证驾驶，或驾驶无有效行驶证的机动车。

（4）战争、军事冲突、暴乱或武装叛乱。

（5）核爆炸、核辐射或核污染。

（6）被保险人因妊娠（含宫外孕）、流产、分娩（含剖宫产）导致的伤害。

（7）被保险人因医疗事故、药物过敏或精神和行为障碍（依照世界卫生组织《疾病和有关健康问题的国际统计分类》（ICD-10）确定）导致的伤害。

（8）被保险人未遵医嘱，私自使用药物，但按使用说明的规定使用非处方药不在此限。

（9）猝死、细菌或病毒感染（因意外伤害导致的伤口发生感染者除外）。

（10）被保险人从事潜水、跳伞、攀岩、蹦极、驾驶滑翔机或滑翔伞、探险、摔跤、武术比赛、特技表演、赛马、赛车等高风险运动。

发生上述情形，本附加险合同终止，我们向您退还本附加险合同的未满期净保险费。

参考文献

[1] 徐高林.保险资金投资管理教程[M].北京：对外经济贸易大学，2008.

[2] 马克·S.道弗曼.译风险管理与保险原理[M].齐瑞宗，译.北京：清华大学出版社，2009.

[3] 魏华玲、林宝清.保险学[M].北京：高等教育出版社，1999.

点评：

文章是学生科研训练项目成果的反映。天使保险的设计从高中阶段直至老年阶段，富有想象力，也有可行性，具有一定的吸引力。论文结构完整，语言流畅。不足之处是，设计的内容欠严谨和充分。

张 泰

使用Excel创建市场营销模型

——超市商品管理模型

学生姓名：程佳进　周廷东

指导老师：尤传华

摘　要：我们知道Excel是应用型很强的软件，多数人学习Excel的目的是为了能更高效地处理工作。我们利用EXCEL设计一套超市商品管理模型，对繁多复杂的商品进行有条理的管理，使商品的管理更加直观，操作趋于方便。

关键词：商品原始表　损失表　商品销售有效表　商品数据透视表　多元回归分析

一、建立商品原始表

对繁多复杂的商品进行管理，必须建立一个EXCEL模型，若超市进购一批货，将商品的基本信息录入，"商品记录表"记录商品最原始的数据，包括商品条码、商品名称、进口价格、商品生产日期、保质期、商品的原始数量、商品类别等，如图1所示。

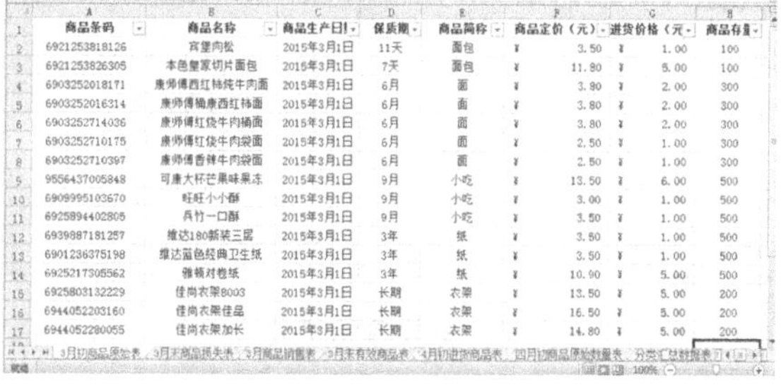

商品条码	商品名称	商品生产日I	保质期	商品简称	商品定价（元）	进货价格（元	商品存量
6921253818126	宾堡肉松	2015年3月1日	11天	面包	¥ 3.50	¥ 1.00	100
6921253826305	本色皇家切片面包	2015年3月1日	7天	面包	¥ 11.80	¥ 5.00	100
6903252018171	康师傅西红柿炖牛肉面	2015年3月1日	6月	面	¥ 3.90	¥ 2.00	300
6903252016314	康师傅桶康西红柿面	2015年3月1日	6月	面	¥ 3.80	¥ 2.00	300
6903252714036	康师傅红烧牛肉桶面	2015年3月1日	6月	面	¥ 3.80	¥ 2.00	300
6903252710175	康师傅红烧牛肉袋面	2015年3月1日	6月	面	¥ 2.50	¥ 1.00	300
6903252710397	康师傅香辣牛肉袋面	2015年3月1日	6月	面	¥ 2.50	¥ 1.00	300
9556437005848	可康大杯芒果味果冻	2015年3月1日	9月	小吃	¥ 13.50	¥ 6.00	500
6909995103670	旺旺小小酥	2015年3月1日	9月	小吃	¥ 3.00	¥ 1.00	500
6925894402805	兵竹一口酥	2015年3月1日	9月	小吃	¥ 3.50	¥ 1.00	500
6939887181257	维达180新装三层	2015年3月1日	3年	纸	¥ 3.50	¥ 1.00	500
6901236375198	维达蓝色经典卫生纸	2015年3月1日	3年	纸	¥ 3.50	¥ 1.00	500
6925217305562	雅顿对卷纸	2015年3月1日	3年	纸	¥ 10.90	¥ 5.00	500
6925803132229	佳尚衣架8003	2015年3月1日	长期	衣架	¥ 13.50	¥ 5.00	200
6944052203160	佳尚衣架佳品	2015年3月1日	长期	衣架	¥ 16.50	¥ 5.00	200
6944052280055	佳尚衣架加长	2015年3月1日	长期	衣架	¥ 14.80	¥ 5.00	200

图1　商品记录表

二、商品损失表

一般在月底的时候，我们都需要知道商品的库存数量，但是有的商品也会过保质期，因此我们需要检测商品的有效性，如图2、图3所示。

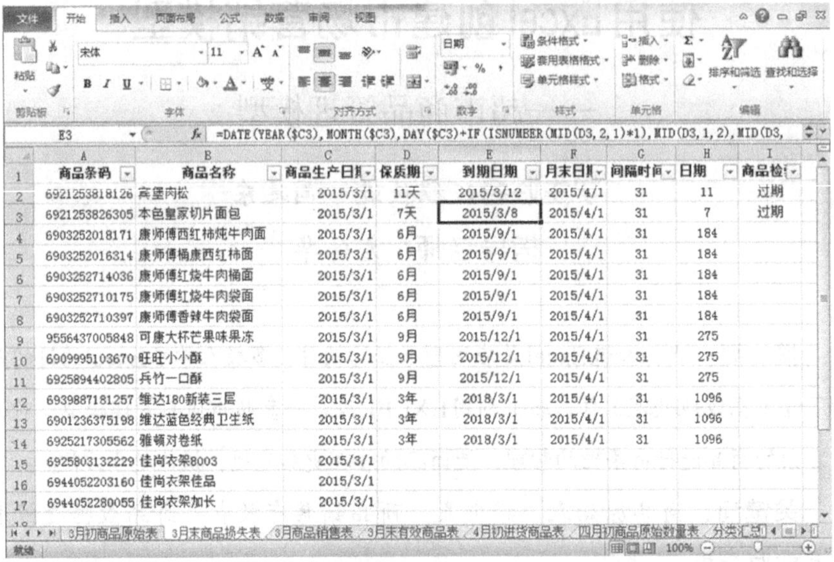

E3 =DATE(YEAR($C3),MONTH($C3),DAY($C3)+IF(ISNUMBER(MID(D3,2,1)*1),MID(D3,1,2),MID(D3,

商品条码	商品名称	商品生产日期	保质期	到期日期	月末日期	间隔时间	日期	商品检测
6921253818126	宾堡肉松	2015/3/1	11天	2015/3/12	2015/4/1	31	11	过期
6921253826305	本色皇家切片面包	2015/3/1	7天	2015/3/8	2015/4/1	31	7	过期
6903252018171	康师傅西红柿炖牛肉面	2015/3/1	6月	2015/9/1	2015/4/1	31	184	
6903252016314	康师傅桶康西红柿面	2015/3/1	6月	2015/9/1	2015/4/1	31	184	
6903252714036	康师傅红烧牛肉桶面	2015/3/1	6月	2015/9/1	2015/4/1	31	184	
6903252710175	康师傅红烧牛肉袋面	2015/3/1	6月	2015/9/1	2015/4/1	31	184	
6903252710397	康师傅香辣牛肉袋面	2015/3/1	6月	2015/9/1	2015/4/1	31	184	
9556437005848	可康大杯芒果味果冻	2015/3/1	9月	2015/12/1	2015/4/1	31	275	
6909995103670	旺旺小小酥	2015/3/1	9月	2015/12/1	2015/4/1	31	275	
6925894402805	兵竹一口酥	2015/3/1	9月	2015/12/1	2015/4/1	31	275	
6939887181257	维达180新装三层	2015/3/1	3年	2018/3/1	2015/4/1	31	1096	
6901236375198	维达蓝色经典卫生纸	2015/3/1	3年	2018/3/1	2015/4/1	31	1096	
6925217305562	雅顿对卷纸	2015/3/1	3年	2018/3/1	2015/4/1	31	1096	
6925803132229	佳尚衣架8003	2015/3/1						
6944052203160	佳尚衣架佳品	2015/3/1						
6944052280055	佳尚衣架加长	2015/3/1						

图2　商品损失表

主要单元格公式		
单元格公式	复制到	说明
E2 =DATE(YEAR($C2),MONTH($C2),DAY($C2)+IF(ISNUMBER(MID(D2,2,1)*1),MID(D2,1,2),MID(D2,1,1)))------------------------------------	E2:E3	日期计算
E4 =DATE(YEAR($C4),MONTH($C4)+IF(ISNUMBER(MID(D4,2,1)*1),MID(D4,1,2),MID(D4,1,1)),DAY($C4))----------------------------	E4:E11	日期计算
E12 =DATE(YEAR($C12)+IF(ISNUMBER(MID(D12,2,1)*1),MID(D12,1,2),MID(D12,1,1)),MONTH($C12),DAY($C12))------------------------------------	E12:E14	日期计算
F2 =DATE(2015,4,1)--	F2:F14	月末日期
G2 =F2-C2--	G2:G14	间隔日期
H2 =E2-C2--	H2:H14	用天数表示
I2 =IF(H2>=G2,"","过期")--	I2:I14	商品检测

图3　主要单元格公式

三、商品销售表

对于商品管理,最重要的就是商品的销售情况,因为它直接关系到超市的盈利。商品销售表如图4、图5所示。

图4　商品销售表

主要单元格公式		
单元格公式	复制到	说明
H2　=E2-F2-G2	H2:H17	商品剩余
I2　=F2*(C2-D2)	I2:I17	毛利润

图5　主要单元格公式

于是得到有效商品表,如图6所示。

图6　有效商品表

— 169 —

大学生创新与实践

同样的，4月初需要进购批商品，如图7所示。

图7　4月初需进购商品表

四、建立数据透视图表

如果我们想要知道商品大类的平均利润，可以先算出商品大类的数量，利用分类汇总可得，如图8所示。

图8　分类汇总商品类及利润

方案设计类

但是用分类汇总的方法只能按一个列的数据分类后作分析，如果想知道各商品大类各商品类别的平均利润额就无能为力了，因此我们要建立数据透视表来得到我们想要的数据，如图9所示。

	A	B	C	D	E
1	商品条码	商品名称	商品类别	商品大类	毛利润（元）
2	6921253818126	宾堡肉松	面包	食品	50
3	6921253826305	本色皇家切片面包	面包	食品	340
4	6903252018171	康师傅西红柿炖牛肉面	面	食品	450
5	6903252016314	康师傅桶康西红柿面	面	食品	450
6	6903252714036	康师傅红烧牛肉桶面	面	食品	450
7	6903252710175	康师傅红烧牛肉袋面	面	食品	375
8	6903252710397	康师傅香辣牛肉袋面	面	食品	375
9	9556437005848	可康大杯芒果味果冻	小吃	食品	3075
10	6909995103670	旺旺小小酥	小吃	食品	900
11	6925894402805	兵竹一口香	小吃	食品	1125
12	6939887181257	维达180新装三层	纸	生活品	1125
13	6901236375198	维达蓝色经典卫生纸	纸	生活品	1125
14	6925217305562	雅顿对卷纸	纸	生活品	2655

STEP1：新建工作簿
启动EXCEL建立数据透视表数据工作簿，并输入数据。

STEP2：创建数据透视表
① 在工作表中，单击任何一个非空单元格，切换到"插入"选项卡，单机"表"命令组中的"数据透视表"按钮。

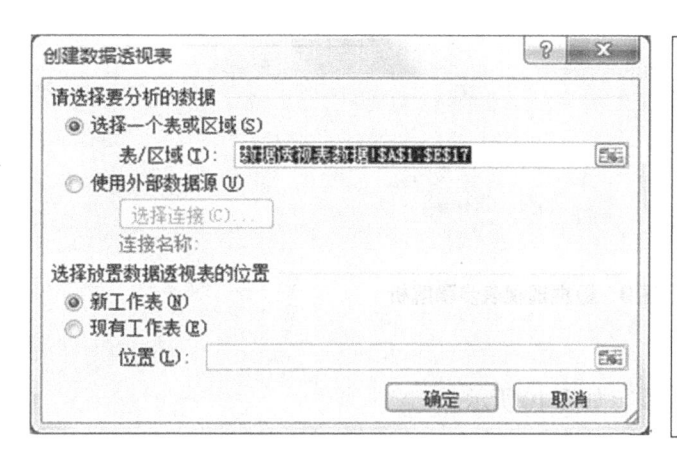

② 弹出"创建数据透视表"对话框，"表/区域"文本框中显示默认的工作表数据区域"数据透视表数据!$A$1：$E$17"单击"新工作表"单选钮，单击"确定"按钮。

③ 创建数据透视表后，Excel 将自动打开"数据透视表字段列表"任务窗格。

④ 将"选择要添加到报表的字段"列表框中的"商品类别"字段拖至"列标签"列表框中。

⑤ 将"选择要添加到报表的字段"列表框中的"商品大类"字段拖至"行标签"列表框中。

⑥ 将"选择要添加到报表的字段"列表框中的"毛利润（元）"字段拖至"∑数值"列表框中。

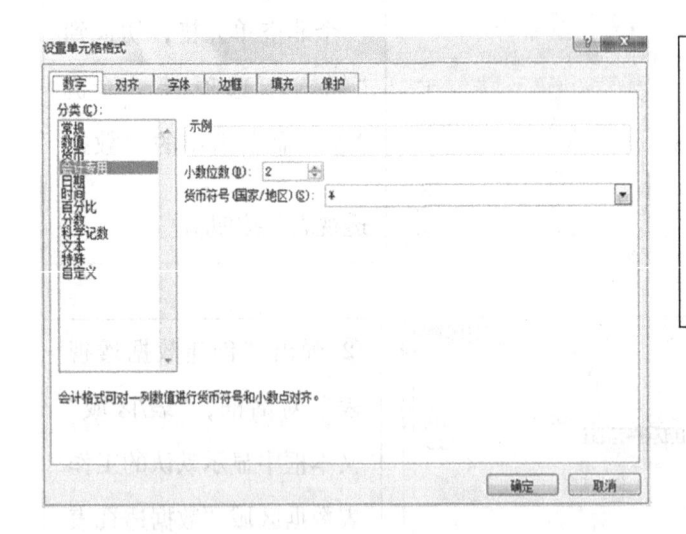

STEP3：设置数字格式
选中 B5：G7 单元格区域，设置数字格式为"会计专用"，"小数位数"为"2"，货币符号为"￥"。

图9 数据透视表步骤解析

如此，我们得到数据透视表，如图10所示。

方案设计类

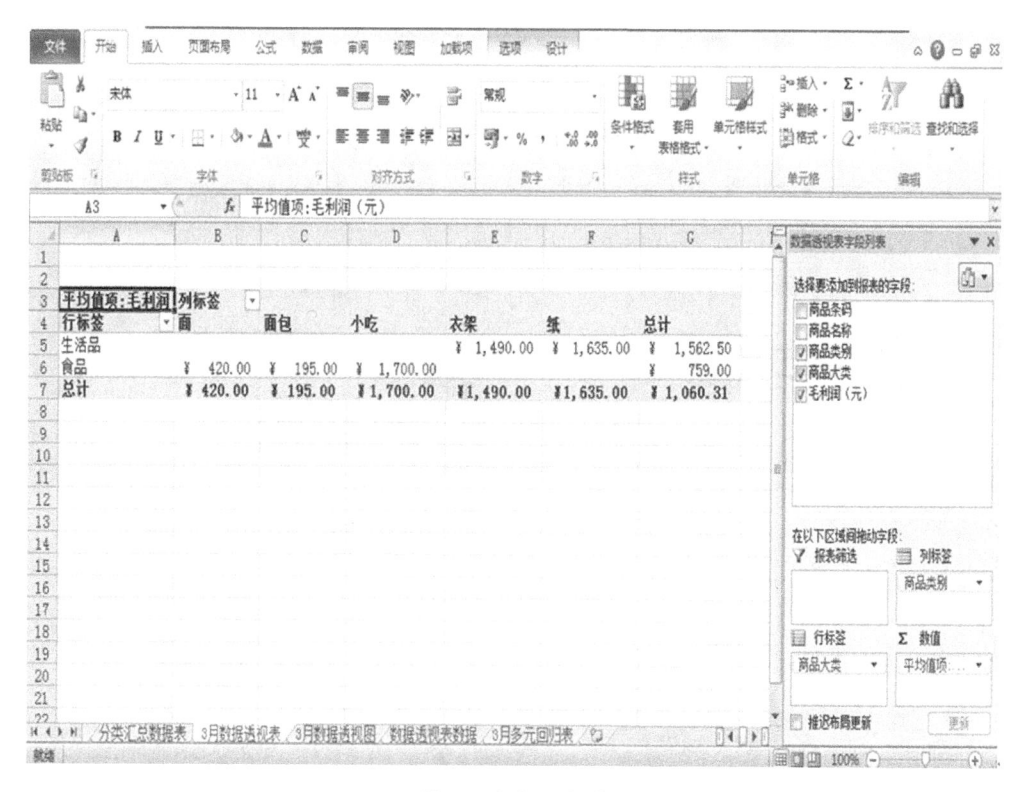

图10 数据透视表

如果我们想知道"食品"或"生活品"的利润情况，可利用"列"标签得到，如图11所示。

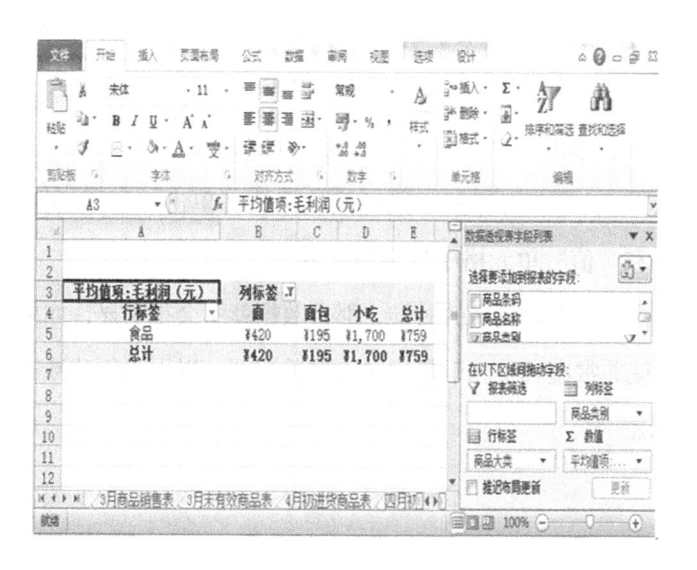

— 173 —

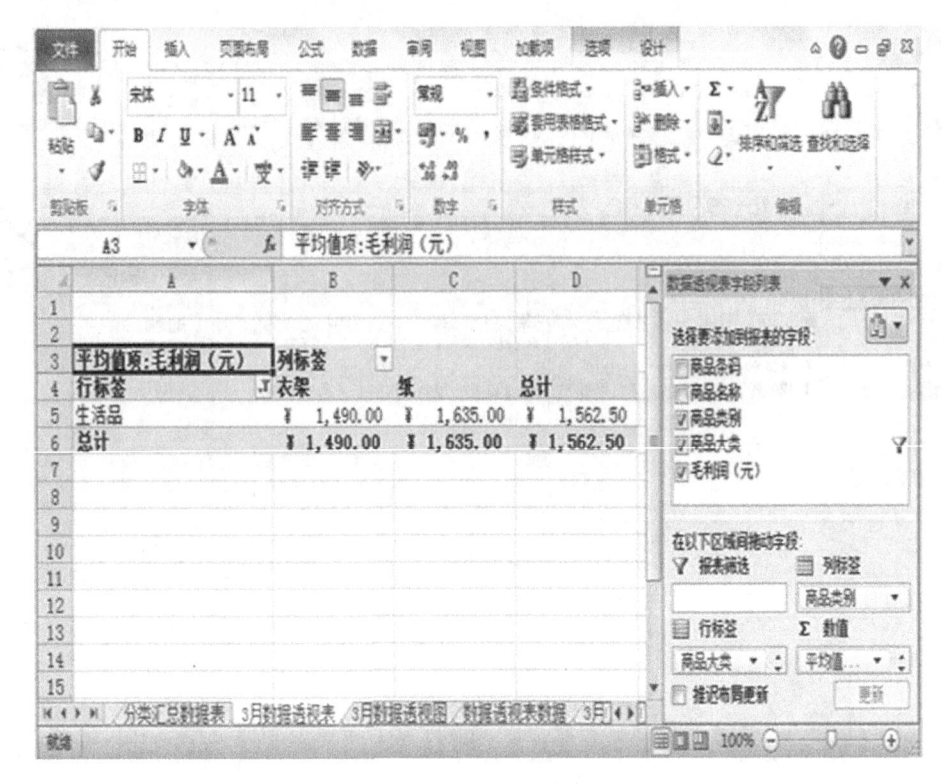

图11　某产品的利润情况

五、数据透视图的灵活性

数据透视表中包含多个元素，为了数据的简洁，用户可以将某些元素隐藏起来。方法：切换到"选项"选项卡，默认情况下，"显示/隐藏"命令组中的3个按钮都处于按下状态，单击"字段列表"按钮，可以隐藏"字段列表"任务窗格；单击"+/-"按钮，可以隐藏行标签字段左侧的按钮；单击"字段标题"按钮，可以隐藏"行标签"和"值"单元格中的字段标题。

但是有时候商品数据比较多的时候，那么数据就不会很明显，如果用图的方式来显示统计结果，就非常直观了。于是建立数据透视图。以下为创建数据透视图步骤解析，如图12所示。

方案设计类

STEP1：创建数据透视表数据

① 新建数据数据透视图数据，调整毛利润列单元格属性，设置数字格式为"会计专用"，"小数位数"为"2"，货币符号为"￥"。

STEP2：创建数据透视图

① 在工作表中，单击任何一个非空单元格，切换到"插入"选项卡，单机"表格"命令组中的"数据透视图"按钮。

② 弹出"创建数据透视图"对话框，"表/区域"文本框中显示默认的工作表数据区域"数据透视表数据!$A$1:$E$17"，单击"新工作表"，单选钮，单击"确定"按钮。

— 175 —

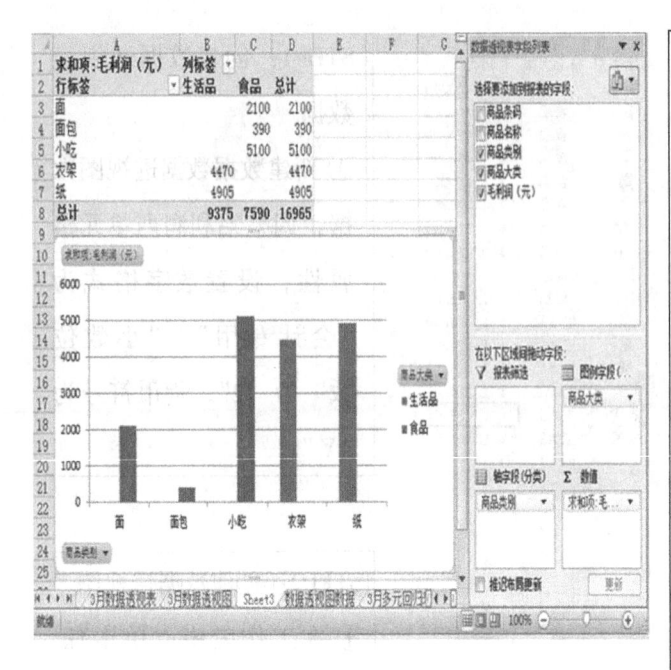

③创建数据透视图后，Excel将自动打开"数据透视表字段列表"任务窗格。

④将"选择要添加到报表的字段"列表框中的"商品类别"字段拖至"轴字段（分类）"列表框中。

⑤将"选择要添加到报表的字段"列表框中的"商品大类"字段拖至"图例字段"列表框中。

⑥将"选择要添加到报表的字段"列表框中的"毛利润（元）"字段拖至"Σ数值"列表框中。

图12　创建数据透视图步骤解析

如此，我们等到数据透视图，如图13所示。

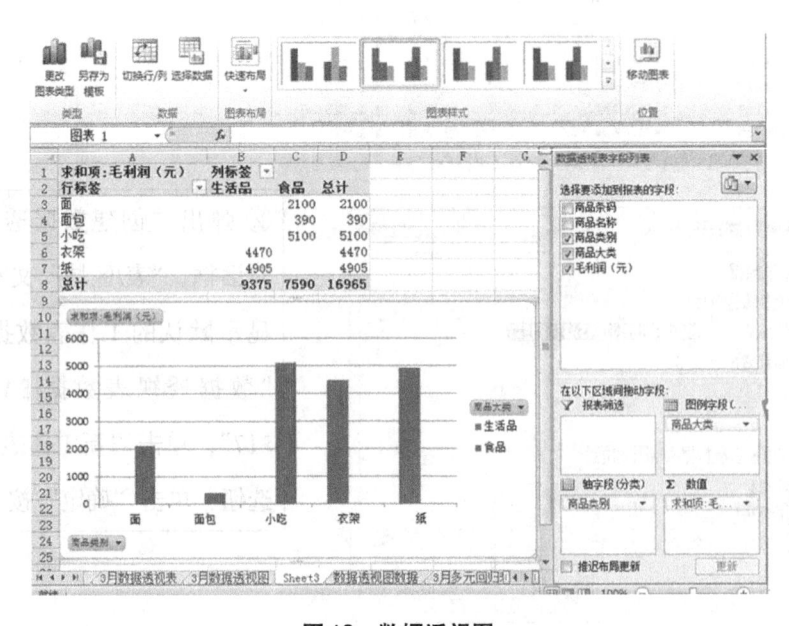

图13　数据透视图

数据透视图中的每个字段都有下拉菜单，更具灵活性。可以单击其下箭头按钮，在弹出的下拉菜单中选择要查看的项，随后数据透视图就会根据所选的项形成所需的透视图。其他字段的移动、添加或删除等操作都与数据透视表中的对应操作相同。另外，在改变数据透视图中数据的同时，数据透视表也会随之改变。数据透视图除了拥有与数据透视表相同的功能外，它还同时拥有图表的各项功能，如更改图表类型、格式化图表类型等。

六、多元回归分析

超市商品的销售量受商品定价、广告支出等因素的影响，那么在市场营销中，价格无疑是影响销量的主要因素。于是我们可以得到利润、商品定价、广告支出之间的关系，利用多元回归，可以得到拟合的方程。

单击"工具"→"数据分析"命令，在"数据分析"对话框中单击"回归"按钮，得到"回归"对话框，如图14所示。

以准确的形式提供原始数据：如图14在输入选项中，选择Y值输入区域、X只输入区域、标志；在输出选项中选择G3单元格，将回归结果放置在G3开始的区域内。单击"确定"按钮，得到图15所示的结果。

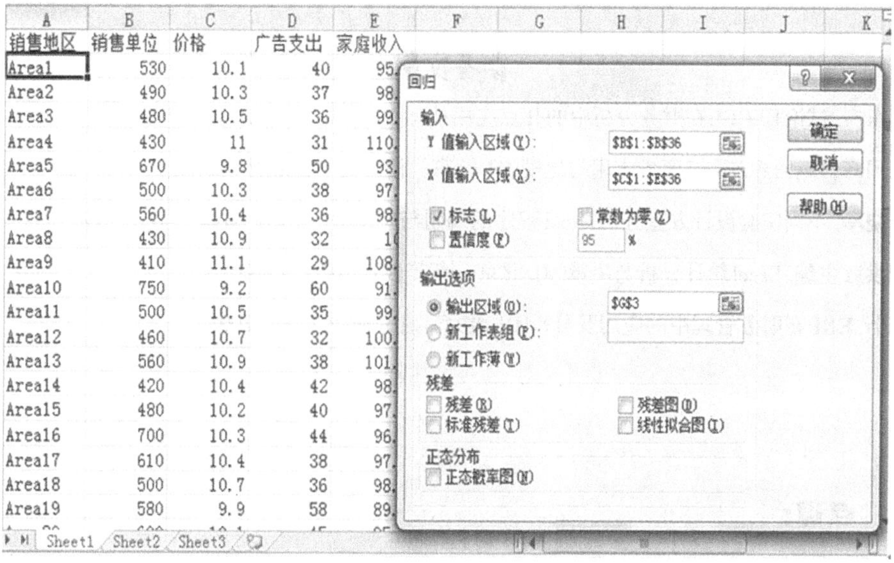

图14 "回归"对话框

图15　回归路径结果

根据所得到的系数，可以得到做你和的方程：

销售量=—40.7264×价格+7.1018×广告支出+0.5024×家庭收入+624.3228

此公式体现了超市对一个产品在不同区域的价格、广告支出和地区家庭平均收入水平与产品的销售量之间的线性关系，对超市营销方案的制定有一定的指导性。

参考文献

[1] 李东梅. 试论EXCEL在财务分析中的几点应用技巧[J]. 现代经济信息，2010(24).

[2] 张国峰，赵丽辉. Excel商务应用与建模[M]. 北京：清华大学出版社，2009.

[3] 李晓珍. 不同实验设计方差分析Excel程序的编制与应用[D]. 广州：暨南大学，2012.

[4] 于洪彦主编. Excel统计分析与决策[M]. 北京：高等教育出版社，2001.

[5] 朱芳. ERP在财务管理中的应用及分析[D]. 北京：北京邮电大学，2008.

点评：

1. 适用性评价：适合大学生科研实训选题。

2. 论点与论证过程评价：论点正确。该项目进行过程中，学生在理论和实践两个方面都得到了锻炼，体现了将所学理论应用于实践解决实际问题的能力。

建议进一步明确与论文题目相符的结论。

多俊岗

自发式公共青年空间的运作
模式和社会意义的研究

学生姓名：潘　越　谌恺懿　俞楷翔　徐振宇
指导老师：俞爱群

摘　要：青年空间作为当下在青年学生之间兴起的一种综合性社交学习互助组织，值得我们关注，不仅仅在于它本身，还有它的社会意义以及长远影响。

关键词：青年空间　运作模式　社会影响

一、青年空间理念的形成和发展以及中国的内化

当我们的生活开始进入泛娱乐化的时候，我们也渐渐开始面对着一个几乎不再生产神话传奇和英雄史诗的社会，一个理想主义消亡的社会。当我们穿梭在城市之间，与同龄人厮混，我们谈论的话题往往变得空洞乏味，偶然间谈到的梦想和计划往往也因一句"现实压力"放弃，难道就这样了吗？我们又何其幸运地生在了一个充满无限可能性的时代，在这样的时代，我们不需要崇拜谁仰望谁，如果喜欢，就去尝试。我们的眼无时无刻不在看着这个社会和时代，作为青年人，我们有太多话语和声音想要喷薄；我们有无数的想法想去践行；我们有无尽的可能。当我们分享，当我们交流，当我们能够凝聚成一股力量，我们可以让生活变得更好，为此，青年空间的雏形诞生了。

慢慢的，越来越多的青年人来到了这里，青年空间让身处同一个城市不同领域中的青年们以一种更加开放和包容的方式聚集在一起，分享彼此的故事，结识志同道合的朋友，发掘自身的价值，探索生活更多的可能性。更好的是，能在此基础上

逐渐形成每个城市自由独立的青年社群，进而形成一个理想的有趣的青年空间，在这里孕育更多生活的创造性和属于这个城市的可能性。

再往后，青年空间不单单只是个让青年人相遇和分享的代名词，他关注青年人的分享和交流，更关注青年人们在活动后社群网的建立。让他们的那些想法和创意走出想象，组自己的小团队做他们喜欢做的事情。让他们可以更便捷地了解和使用各地独立书店和青年空间资源，青年空间渐渐的成为了无数爱好思考和探索的有志青年的家。青年空间的诞生和发展并不是一个意外，他反映了当代青年独立意识的觉醒，这种独立不单只是身体和行为上的独立，更少一种思想上的独立，我们不再局限在前人的思考，前人的研究之中，我们要自行去学习，去探索，去追求我们自己的梦，然而长路漫漫，旅途艰苦，自然需要志同道合之士相互扶持，相互帮助，书写一段属于我们青年人的神话。

二、青年空间的运作模式和具体活动方式

（一）运作模式

青年空间是一种开放的青年文化空间，主要针对年轻人。从运作的方式来说，全国各大青年空间各有各的不同，但是有些运作的本质是相同的。

从地点来说：通常会在一些繁华地段，或是大学城和学校集聚的地方。如北京海淀的知春路五道口一带。条件较好的租住复式公寓或者别墅。一般条件的会选择一些废弃的老房屋重新进行艺术加工，或者租住一些人气较旺的小区公寓。

从房屋内部设计来说：装修和分区都比较有艺术创新性。一般都会有图书室，青旅的住宿房间、活动空地、卫生间，还有一些艺术展区等。条件较为好的会有咖啡厅，娱乐休闲区，露天阳台和绿化平地等。

从空间的性质来说：一般做的都是实体的社交平台。但是所做的活动性质有所不同。旨在为公益团体和组织搭建一个广阔交流的平台，同时为热心公益的朋友及时发布讲座培训通知，分为公平教育、多元性别、环境保护、流动人口、社区服务五个小组。举办艺术人文社科等不同领域的分享活动。个人经历的分享活动，读书会、电影放映等，用纪实的方式，用短片记录生活，倾听大家的故事。

专注做独立于各高校之外的青年聚集地。致力于打破校际间与专业间的壁垒，连接社会，为有思想有行动力的青年提供创变的力量和平台。有更多青年创新实践分享、更多公共性话题探讨、更多的青年旅行体验，培育校园沙龙和分享文化。涵盖理念传播、资源对接、创业扶持、文化创意、志愿服务、健康引导等方面的多元化开放式社会服务平台，推动社区与公民意识的增强为创业群体、机构组织和个人提供开放式 loft 办公服务以及发布会、品鉴会、签售会、冷餐会等活动场地。提供沙发客服务，为在大城市处于过度期和参加活动以后不能回去的人提供住宿。

（二）从空间发展的可持续（自我盈利）来说

一般都是模仿社会企业的模式，通过和一些组织联系（香港、台湾），定期举办青年营活动，培养特殊青年人才的同时，收取费用进行自我再造血。在空间开办活动的时候收取活动费和会员费，寻求一些其他组织的攒助；以空间的名义参加各种创业大赛和社会创新大赛等，赢取奖金；以入股的形式，吸引各方投资。通过餐饮、活动的抵偿性收费及创投回报实现自我造血的可持续性发展。在追梦网等平台上寻求社会资助。

（三）具体活动方式

公益或公共主题的沙龙、青年聚、派对、工作坊、脱口秀和话剧等，观影会、读书会；发布会、品鉴会、签售会、冷餐会等活动场地；举办各类讲座、演讲、真人述；茶话会、培训，也提供场地借用服务给有共同想法的团体；提供丰富的人文社科类书籍借阅；青年咖啡馆、青年旅舍、山区树屋计划、洛克青年营。

（四）以 706 青年空间的青客计划为例

从 2014 年的暑假开始，706 青年空间希望传播一个新的概念：青客。

他们把在青年空间或者青年旅社住宿或者参与活动的好玩有趣青年称为青客，并将号召全国各个地区的青年空间和青旅，倡导入住其中的青客，自己来定义旅行。青客可以集结在一起对于所去城市的某个议题做一次社会调查；可以一起探访当地的社会创新机构；可以找到少数民族老人的学习传统歌谣；可以拜访手工艺人学习技艺；青客可以举行一次读书会或者沙龙；可以策划一次诗歌或者朗诵会；可以举办一场小型草地音乐节；可以放映一部口味诡异的电影或者纪录片；可以玩一次没有剧本的即兴话剧；青客跟青年空间和青旅形成一种深度互动，深入了解当地的文化基因和社会传统。传统的旅行和游客被重新定义，青客不再是一个第三者姿态的游览，而是融入进去，注入新的因素，并获得反馈。

在706的青客们是这么玩的：（1）来自吉林大学的90后博士毕业生杨修发起私人家族史沙龙，并将跟《东方历史评论》《看历史》等机构合作，面向全国召集青年人回到家乡记录自己的家族故事。（2）来自马来西亚的胡婧慧在706青年空间住了1个月，除了在北大和北京同志中心实习，还沟通联络大量五道口地区的外国人，计划建立起五道口这个"宇宙中心"的中外文化语言交流平台。（3）来自哈尔滨的宋宇鹏召集了十几个伙伴先后拜访体验了北京的青年志、追梦网、清华猫头鹰实验室、鸿芷公益咖啡馆、84亩地剧社等各种青年创新平台。（4）来自CAPE（全球青年实践网络）的孙一帆，她去年从土耳其伊斯坦布尔出发，陆路重走丝绸之路回到家乡济南。之后她在美国各个农场学习朴门农业，在危地马拉学习形而上学与清醒梦，在秘鲁拿到瑜伽老师资格证书，并寻找萨满巫师学习灵性植物，在洪都拉斯学习自由潜水。今年暑假她成为706的一名青客，并举办了一场有关朴门农业的分享会。（5）来自武汉向上青年空间的（UP SPACE）武大学生王金晓隔年期间全国游学，在北京游学期间就住在706青年空间，并在706青年空间策划过口述史系列沙龙，邀请了社科院的雷颐老师作为活动嘉宾。（6）来自广东的冯一恒是雷励中国（Raleigh China）广州雷友会项目部项目经理，策划举办雷励中国北师大宣讲会和2013雷励广东年会。今年暑假他来北京参加青年应对气候变化行动网络（CYCAN）办的第六届青年气候峰会。在此期间，他在706青客发起的青年聚中担任嘉宾，为大家介绍了雷励的想法理念以及具体的活动。

对于参与青客计划的青年空间和青旅，将成为青客们在各地的住宿或者活动聚集地，并通过共享青客的数据库，形成一个多元的、活力的、有趣的、可持续的线上线下相结合的全国青客社区和青年空间生态。

三、706青年空间的社会意义及社会影响

(一) 社会意义

我们便发现每个具体的人不同的属性,虽然纬度相比于宏观经济学的各个体系显得有些粗陋但无疑它帮助我们认识到其不同的意义。例如,我们科研小组在纬度中是属于"台下者",我们便能理解其与"平台运行者""台上人"的互动意义之所在;在而我们从经度来看我们小组属于学校人,我们的目的无疑是学习。如此似乎太过于简单,但这就是真实的情况,学习是一个过程,一步一个脚印。

(二) 社会影响

问卷调查很容易,几个问题几个选项,但那都是对于大众已接受的一些事物才能进行的,若概念都不懂,问卷调查出来的内容与随机表上的数据是一样的。故我们几个商议先问一个问题:"你知道706青年空间吗?"。若一半以上同学不知道的话就跳过该环节。接下来是对样本的选择,我们选择了一个最具代表性的组织进行调查。我们选择了全校唯一一个学习性社团进行调查,之所以如此选择有以下理由:前文经度提到过"学校人"中多为为学习而参与空间活动的,所以以一个学习性社团进行全体调查;调查起来方便,因为我们科研小组四人皆出于此社团,这样数据来源也更为踏实。

结果很快出来了,大家之中仅一个听说过这个在我们调查之前,尽管我们后面又继续扩大了一点范围,室友、同班同学。你可能认为后续的取样不谨慎,但是请问宿舍班级的编排是按照什么序列进行的吗?

对于这种结果我们经过讨论后有如下结论:其一,地理上的,我们学校与706青年空间太过于遥远;其二,是关于我们样本的,样本皆源自我们学校,而我们学校为商学院,在校学生对于人文的关怀可能少于其他一些学校。

四、选择706作为本项目的研究样本的依据以及本项目的最终目的以及长远影响

(一)选择706作为研究对象的依据

首先"青年空间"这一概念是由外国舶来,目前的形式大体是"一个集公共会话、线下实体、固定团队、长期存在和平价参与为一体的为帮助青年人能够通过探访与对话的方式来认识身边的创新角落,结交志同道合的朋友的组织。而706青年空间是中国第一家青年空间,在国内首创"青年空间"这一概念,也是目前最活跃和相对成熟的青年空间。2012年2月,12个年轻人筹资在北京五道口华清嘉园做了一个青年空间,那个二居室公寓的房号是706。在之后的几年里至今,虽然有过几次暂停运营,但是依然运营至今。而且706青年空间因其得天独厚的地理位置——五道口华清嘉园而产生了不小的影响力,已经被作为"公共空间的实体样态"的一个例子来探讨了。所以,我们当初选择了706青年空间来作为我们研究青年空间的一个突破口进行研究探讨。

(二)本项目的研究目的

进行如此一项耗时耗力的科研项目,绝不仅仅只是为了找到运行一个青年空间或者公共空间的方法,而是探讨它存在的意义和道理,以及对社会的促进作用。我国从八十年代掀起的公共空间研究热潮主要以哈贝马斯在《公共领域的结构转型》一书中的理论为参照。根据哈的理论,我所理解的公共空间是以公共话题为主要议题,由私人会合成的公众针对公共话题进行理性地沟通、辩论,从而产生出可以影响政策或者政治议程的公共舆论的场域。而青年空间作为青年人交流的,合作的地方正是一个公共空间。但是706面向的对象主要是学生,所以谈的东西就更广了,但却每项难以深入,因此显得有点空,学生虎头蛇尾的特性也注定维持对其的关注也要依靠一腔热血,对我来讲706也许可以作为一个扩展知识面的工具但却难以成为一个真正能让想法落地的平台。706是个弥漫着青年理想主义的地方,真是让人觉得年轻真好,可以做梦,可以大谈理想,阔论政治;706也是个挺小资的地方,可以关心潮流,扎墩抱团,时不时一起呼吁一下,尝试着做点什么正事;对于现在

的大学生来讲，确实可以算得上个乌托邦的地方。而乌托邦都是不可持续的，如果706维持现有模式不变，不在商业和理想之间寻求平衡，那就真会如梁超所说，少则一两年，多则四五年，必将遭遇危机和生死存亡的挑战。这也对其他的青年空间起到了警示的作用，无论是沈阳的4U，广州的洛克，上海的SS，这也正是706作为先驱的价值和意义所在。

参考文献

[1] 边婧文. 706，维护纯粹的青年空间[J]. 大学生，2013(24).

[2] 鲍洪玲. 706，青年碰撞思想表达自我的空间[J]. 神州，2014(28).

[3] 何周礼. 交错时空的演绎，香港将军澳茵怡花园青年空间[J]. 室内设计与装修，2007(8).

[4] 陈安娜. 官办非营利组织的利益相关者：期望、影响及回应——以武汉市青少年空间为例[J]. 社会工作（学术版），2011(6).

点评：

1. 适用性评价：适合大学生科研训练项目。
2. 论点与论证过程评价：文章观点正确。

论证过程较为完整，有较好的逻辑性。建议进一步提高调研能力和查阅文献的能力。

多俊岗

学生感悟

在研究中提高能力
——关于大学生科研训练项目中的体会和建议

学生姓名：宫姝辰

2014年是我校开展科研训练项目的第二个年头，我很幸运参与了2014年度大学生科研训练项目。与第一年相比，项目的各个环节都比第一年更加完善、合理，这是值得高兴的。但是，在完成课题的过程中我也发现，在项目的组织、实施以及学生操作完成的各个阶段，仍然明显地存在着这样或那样的问题。尤其是参加完交流会后，更是有了更深刻的认识。下面我将自己还有一同参与训练项目的同学们发现的问题做一总结归纳，并提出一些看法和改进建议，希望可以帮忙让整个科研训练项目更加完善。

一、启动阶段

在这个阶段，是学院进行项目的启动以及前期准备的阶段，属于对这个项目进行构思和规划的阶段。在这个阶段，学院需要选出导师，准备课题，并制定具体规划，定制时间流程。在我参与科研实训的时候发现，经常是一个老师手下有着多个课题，或是老师本身工作比较忙，难以顾及参与项目同学的问题，无法及时解答。所以我建议，在初始的启动阶段，就规定好每个老师要带的课题数目，两个为宜，最多不要超过三个。另外，尽量选择工作任务较轻的老师担任导师，或者，可以将实训项目与老师现阶段的工作相结合，比如可以在老师最近教授的课程中挖掘课题，或是与论文答辩之类的相结合。

另外，时间表的制定一定要详细，每一阶段该进行什么工作，务必传达到每个老师，在转达每个学生。可以通过建立微信群，或是社交平台这样的办法，把每一个参与到科研项目中的人统一集中到一起，便于消息的及时传达和发布。

二、选题阶段

　　这个阶段是导师选择学生来进行课题研究、确定研究课题的阶段。这个阶段存在很多问题。第一，有的导师手里握有课题，所以想将课题分配给学生，于是找学生做，但有些学生对这种课题不感兴趣，或是能力水平有限，以至于最后的结果差强人意。第二，有的学生有参与训练的兴趣，并顺利找到了导师，可是最后选定的课题不是太大难以完成，就是太浅没有什么实际意义。第三，有的人一开始就心存侥幸，希望可以"搭便车"，跟着别的组混。第四，是截止时间快结束了，导师手下的人还不够，于是拉人来凑数。

　　第四个问题的解决方案我已经在上文中提到了，就是时间的把握和通知以及对导师课题数量的限定。而前三个问题可以结合在一起解决，首先，人员的选择是采取双向选择模式，就是导师选学生的同时，学生也对老师进行选择，然后再进行分配。可以采取投票的方式，让学生先选出心仪的导师，再由导师在这些学生中挑选合适的人组成科研小组。与此同时，在选择时，也将导师们自己的课题拿出来，一起公布到网上，选择了该导师的学生，每个人都可以针对导师的课题，做一个前期的立项构思，也可以自选题目，进行立项分析，再找同一时间接受导师的检验，进行答辩。这样一来，学生可以找到自己感兴趣的课题和喜爱的老师，调动积极性，导师们也可以对课题进行筛选，选择出有意义的课题进行研究，最重要的是可以在一定程度上解决"搭便车"的问题，因为每一个学生都要独立思考、独立完成立项答辩，杜绝了借助他人劳动成果蒙混过关的情况。

三、课题研究阶段

　　该阶段的问题比较复杂，我能举出的只是一小部分。第一，团队成员间的互相协作与相处问题。第二，经验与知识能力上的局限问题。第三，时间精力的分配问题。

　　第一个问题主要是存在于课题小组成员间的沟通协调上，每个人性格不一样，行事风格也截然不同，怎么磨合很重要。这不仅要靠成员内部相互包容，也需要有团队领导者的协调。人数建议保持两人或三人即可，选出组长后，对组长进行一次统一的讲座，教会他们如何在协调组员的同时，确保自己的命令可以有效地被执行。另外，制定好计划，每个人做什么一定分配好，杜绝偷懒、"搭便车"情况的出现。可以考虑轮换制，组长可以在中途进行轮换，让每个人都可以切实的体会到辛苦与责任感。第二个问题，可以通过定期的讲座和交流会来解决。除了找自己的导师外，学生可以在交流会上交流自己不懂的地方，请专业老师来解答，而讲座则是指导学生如何来完成科研项目，弄懂整个流程体系，而不是盲目无方向的进行。同时培养骨干学生，以老带新，既节省资源，也可以提高效率，做到薪火相传。另外成立专门社团、社交平台，有专业老师参与进来，也可以解决这一问题。第三个问题，首先限定每个学生最好只参加一个课题的研究，如果有精力和能力可以申报第二个，但需要严格审核，并且最多可申报两个。结合第二个问题，可以在组织交流会时进行一下成果汇报，督促学生积极完成，而不是堆到中期答辩或结题答辩时再匆忙赶工，另外鼓励学生利用周末及假期的时间开展任务量大的工作，不要影响到正常的学习活动。

四、其他方面的建议

关于调动学生积极性的问题，学校的宣传一定要到位，讲座、展板必不可少。另外，可以给予一些奖励政策，比如加学分，优秀课题评选并颁发证书，优秀课题选拔参赛等等。

学校在组织科研训练时，也可以使用"引进来，走出去"的方式，把其他学校好的经验引进来，把好的科研团队请来讲座，在借鉴的同时，结合自身制定最适合我校的方法，启发师生思路。另外可以走出去，好的课题选送参赛，带领骨干学生去外校参观学习。

另外，鼓励选择更多创新性、实用性、实践性强的课题，而且鼓励课题有层次性和延续性，可以同一大课题多年连续申报，进行持续性的深入研究，但在这类大课题下，每年要提出与上一年不同的小课题，展现不同阶段的成果。

最后，悉心听取学生和老师们反馈的意见与建议，可以多多组织类似这次形式的交流会，大家彼此探讨，找出不足。也可以进行全校范围的大讨论，大调查，把科研训练这件事做的更好，更有意义。

在这次科研训练过程中，我也明白了许多，做科研过程中要有毅力，遇到难题不能退缩，要迎难而上。同时团队的配合非常重要，一个项目需要多个人去做，我们在这个过程中不仅要做好自己的工作，还要保证团队整体工作的顺利进行。参与之后才发现，做项目时才是真正检验自己所学知识的时候，做科研项目是要把所学的知识运用到实际中去解决相关的问题，而在这个过程中我们对知识的了解才会更加深刻，做项目过后也能通过发现理论与实际应用之间的差距，然后再去改善。

感谢学校组织科研训练这项活动，也希望学校的科研训练项目可以越办越好。

问题及对策
——关于科研项目活动的思考

学生姓名：龚晓秋

问题1：定题问题

由于经验不足，不了解如何定好题，直接导致在完成论文的过程中，才发现选的论文题目过于宽泛，或者不好下手。定题目算是一篇论文的开头，开头设不好，后面写文也会艰辛异常。

解决措施： 选题前开一场座谈会，重点讲讲如何选题定题，建议座谈会的内容尽量简洁，重点突出，时间不要过长，否则容易消磨同学们的兴趣，达不到座谈会的目的。最好每场座谈会时间保持在30分钟以内，并提前告知学生只开多长时间，每场座谈会就讲一个要点，这样才能使同学们集中注意力，真正听懂座谈会的内容，达成座谈会的目的。

问题2：时间规划不好

由于经验不足和惰性，前期写文的时间过长，但没有任何组织和活动，仅靠写论文的学生们自己去摸索，很容易磨掉学生对论文的乐趣，当中期答辩来临时，才发现论文还没怎么动笔写，做的准备也还不够，在焦虑紧急的情况下，根本无法享受到写论文的乐趣，有的仅仅是为了完成任务的应付性，最后成稿的内容肯定也勉强。

解决措施： 辅导老师可以在开始写论文前让每一组学生都写两份今后写文的时间规划，每几天或每几周完成哪些任务或者小组性阶段成果，一份交给老师，一份自己留着，严格按照时间规划来实施。每一阶段任务时间到了，就到辅导老师那汇报成果，并提出完成期间遇到的问题。辅导老师给予帮助和解答，若因合理原因未完成，获得辅导老师同意后，也可以调整时间规划。这样就可以保证学生写文时安排的规范性，既不会因为前期时间太长而不将论文放在心上，也不会因为后期时间太短而过度焦虑，消磨掉写论文的兴趣。老师可以宏观地掌控学生写论文的整体进度，及时给予帮助。

规范与提高
——关于做科研项目的思考

学生姓名：邱 日

2014年我参与了《微商在大学生中的发展状况及趋势》以及《呼吸道疾病专门险》两个科研项目，参加科研项目带给了我很多不一样的体验，在这个过程中学到了很多东西，老师也真的全心全意的付出了很多，让我们学会了在数据处理方面很多的软件应用，但是这个过程中也遇到了很多问题。作为一个参与科研项目的学生，为现在的科研项目存在的问题提供部分参考解决方案。

思考1：科研项目的人数确定问题

科研小组规定的是2~3人，而在科研项目中确实存在着很多人是"搭便车"，没有在科研项目中投入精力和时间，但仅仅是为了最后的学分或者荣誉。在论文的立项和论文方向的分歧比较大，而可能小组成员又不愿意去接纳自己之外的观点。针对这些问题，我觉得如果一个人有精力和能力可以完成好，我觉得一个人做科研项目也是好的，但是这个过程中如果有觉得精力不够，有想法一致的人加入这个科研项目也是可以的。

思考2：科研项目进展状况信息通知不够完善

在科研项目中，我们都不知道什么需要答辩，什么时候论文是需要上交的，有时候信息都是通过同学知道的，而询问老师相关信息时，老师有时候会说自己没有接到通知，所以很多时候都觉得老师不管事，但其实这个只要有一个相应的平台推送信息就可以解决。像微信的公共平台，或者论坛之类的。也希望以后相关答辩和论文上交可以提前一点通知，好让我们有比较充裕的时间去准备。

思考3：对于有涉及问卷调查的同学的建议

因为问卷调查与你所需要得出的结论是息息相关的，所以一旦数据存在不真实性，可能对你之后的数据分析影响特别大。建议涉及问卷调查的同学在设计好问卷调查时给相应的指导老师看一下，一起分析一下问卷调查和你所需要反映的问题之间是否存在相应的联系。对于问卷的真实性，千万不要只图问卷数量而不图问卷的质量。可以让教授SPSS和EVIEWS课程的老师，在课堂上要求相应课程的学生填写问卷，并要求学生认真填写。这样既可以保证问卷和结论的相关性也可以保证问卷的真实性。

思考4：知识储备不足和经验不足导致科研项目瓶颈

在做科研项目中，我们也有很多很茫然的瞬间，我很同意让老生带新生的概念。这样可以给新生提供很多的帮助，至少会有方向和经验可以交流，而不同年级的学生的时间结构也不同，这样也可以丰富他们的课余生活，也可以让他们明白自己欠缺的方面，利用更多的时间去学习去探索新的知识。

后　记

我校又一本毕业生论文集要出版了，读后感到一股清新之风迎面扑来。此集反映了近年来学生学习的成果，虽不够成熟、深刻，但反映出学生的进步和追求。

文集中，学生大多采用了论文和调查报告的形式，符合本科生科研训练项目的要求。

选题少了以往大而空的课题，更多的是能结合自己的专业和兴趣爱好、基础条件写自己身边的生活。绝大部分论文（或调查报告）均能结合金融、保险、营销、管理等专业知识，结合自己所熟悉的城市，如北京的宋庄（学校所在地），江苏的盐城、东台、无锡等市，结合专业知识分析自己身边的活动，如大学生炒股、大学生保险、大学生就业、大学生生活费用分配及大学生课余时间安排等。

社会实践论文写作是一项创造性的劳动，学生能运用所学的知识分析问题、论证问题和解决问题，用所调查的数据合理分析，得出正确的结论。总论点、分论点鲜明具体。

总的看，本文集所收录的文章观点正确、中心突出、选题丰富、逻辑性较强，力求体现作者自己的观点和见解，大多运用的均是近三四年的参考资料。个别学生查阅了不少的文献，具备了一定的文献综述和资料整理的能力。

对学生的成果，我们不能苛求。尽管我们感到学生的专业和知识还不够扎实，分析问题还不够深入、不够全面，还有不少以偏带全、以点带面的地方，但我们期待着学生的成熟和进步。

张　泰
2015年6月20日